Kauderwelsch
Band 177

Impressum

Mozes Heinschink & Daniel Krasa
Romani – Wort für Wort
erschienen im
REISE KNOW-HOW Verlag Peter Rump GmbH
Osnabrücker Str. 79, D-33649 Bielefeld
info@reise-know-how.de

3. Auflage 2018

Bearbeitung & Layout Josef Overberg, Claudia Schmidt
Layout-Konzept Günter Pawlak, FaktorZwo! Bielefeld
Umschlag Peter Rump
Fotos Mozes Heinschink
Druck und Bindung Himmer GmbH Druckerei & Verlag, Augsburg

ISBN: 978-3-8317-6539-3
Printed in Germany

Wer im Buchhandel kein Glück hat, bekommt unsere Bücher auch direkt über unseren Internet-Shop:

www.reise-know-how.de

Die Internetseiten mit Aussprachebeispielen und der Zugriff auf diese über QR-Codes sind eine freiwillige, kostenlose Zusatzleistung des Verlages. Der Verlag behält sich vor, die Bereitstellung des Angebotes und die Möglichkeit der Nutzung zeitlich und inhaltlich zu beschränken. Der Verlag übernimmt keine Garantie für das Funktionieren der Seiten und keine Haftung für Schäden, die aus dem Gebrauch der Seiten resultieren. Es besteht ferner kein Anspruch auf eine unbefristete Bereitstellung der Seiten.

Der Verlag möchte die **Reihe Kauderwelsch** weiter ausbauen und **sucht Autoren!** Mehr Informationen finden Sie unter ***www.reise-know-how.de/verlag/mitarbeit***

Kauderwelsch

Mozes Heinschink &
Daniel Krasa

Romani

Wort für Wort

Kauderwelsch heißt:

- Schnell mit dem **Sprechen** beginnen, auch wenn nicht immer alles korrekt ist.
- Von der **Grammatik** wird nur das Wichtigste in einfachen Worten erklärt.
- Alle Beispielsätze werden doppelt ins Deutsche übertragen: erst **Wort-für-Wort,** dann in normales Deutsch. Die Wort-für-Wort-Übersetzung hilft, die neue Sprache schneller zu durchschauen, außerdem lassen sich dadurch leichter einzelne Wörter im fremdsprachigen Satz austauschen.
- Es geht um die **Alltagssprache,** also das, was man tatsächlich auf der Straße hört.
- Die **Autoren** sind entweder Reisende, die die Sprache im Land selbst gelernt haben oder Muttersprachler.

Kauderwelsch-Sprachführer sind keine Lehrbücher, aber viel mehr als traditionelle Reisesprachführer. Wer ein wenig Zeit investiert, einige Vokabeln lernt und die Sprache im Land anwendet, wird **Türen öffnen,** ein Lächeln ins Gesicht zaubern und reichere Erfahrungen machen.

Talk to each other!

Kauderwelsch Aussprachetrainer

Kauderwelsch zum Anhören

Einzelne Sätze und Ausdrücke aus diesem Buch können Sie sich **kostenlos anhören.** Diese **Aussprachebeispiele** erreichen Sie über die im Buch abgedruckten QR-Codes oder diese Adresse: www.reise-know-how.de/kauderwelsch/177.

Die Aussprachebeispiele im Buch sind Auszüge aus dem umfassenden Tonmaterial, das unter dem Titel **„Kauderwelsch Aussprachetrainer Romani“** separat erhältlich ist – als Download über Online-Hörbuch-Shops (ISBN 978-3-95852-108-7) oder als CD im Buchhandel (ISBN 978-3-8317-6109-8).

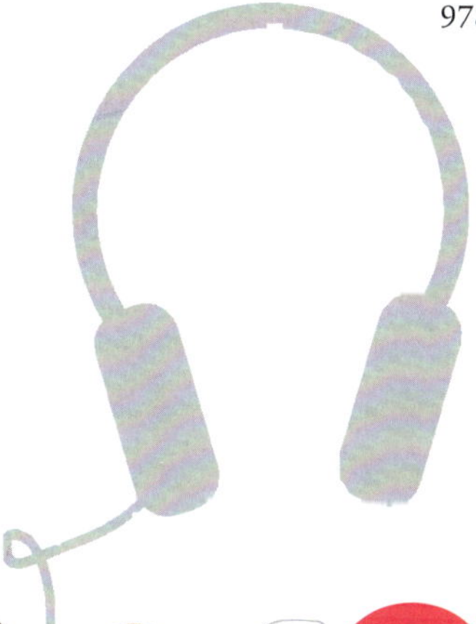

Beide Versionen erhalten Sie auch über unsere Internetseite:

- **www.reise-know-how.de**

Alle Sätze, die Sie auf dem Aussprachetrainer hören können, sind in diesem Buch mit einem 👂 gekennzeichnet.

Inhalt

Inhalt

Konversation

Anhang

Vorwort

Die Roma – das letzte geheimnisvolle Volk Europas – scheinen dem Außenseiter so unbekannt und fremd wie eh und je. Gerüchte und Märchen vermischen sich und bilden ein geradezu absurdes wie auch nebulöses Bild dieses Volkes, das so viel zum Kulturgut unseres Kontinents beigetragen hat und doch immer diskriminiert wurde. Neben einigen wenigen eingeweihten „Nicht-Zigeunern" wagt niemand so recht in Roma-Kreise vorzudringen und den Kontakt mit ihnen zu suchen, und dies meist nur aus reinem Unwissen. Das vorliegende Buch wurde aus Respekt und Interesse für die Roma geschrieben und sieht es als Ziel, dem Leser genügend Grundkenntnisse der Roma-Sprache zu vermitteln. Denn wie sonst überall auf der Welt ist auch für die Roma die eigene Sprache, das Romani, der Schlüssel zum besseren Verständnis zwischen den Kulturen. Wir laden Sie also in diesem Büchlein ein auf eine Reise durch das Leben, die Kultur und vor allem die Sprache der Roma und hoffen, dass auch Sie bald in den Genuss ihrer unsagbaren Gastfreundschaft kommen werden und ein wenig ihrer grandiosen Lebensart verspüren können.

Viel Spaß wünschen
Mozes F. Heinschink & Daniel Krasa

Hinweise zur Benutzung

Der Kauderwelsch-Band „Romani“ ist in die Abschnitte „Grammatik“, „Konversation“ und „Wörterliste“ gegliedert:

Die **Grammatik** beschränkt sich auf das Wesentliche und ist so einfach gehalten wie möglich. Deshalb sind auch nicht sämtliche Ausnahmen und Unregelmäßigkeiten der Sprache erklärt.

In der **Konversation** finden Sie Sätze aus dem Alltagsgespräch, die Ihnen einen ersten Eindruck davon vermitteln sollen, wie Romani „funktioniert“, und die Sie auf das vorbereiten sollen, was Sie später bei Romani-Sprechern hören werden.

Jede Sprache hat ein typisches Satzbaumuster. Um die sich vom Deutschen unterscheidende Wortfolge der Romani-Sätze zu verstehen, ist die **Wort-für-Wort-Übersetzung** in *kursiver* Schrift gedacht. Wird ein Romani-Wort im Deutschen durch zwei Wörter übersetzt, werden diese in der Wort-für-Wort-Übersetzung mit einem Bindestrich verbunden.

Durch einen Schrägstrich werden Alternativen getrennt. Beugungsendungen werden durch die „Nummer“ des Falls dargestellt.

So si kodó?	**Kodó si ...**	**Ažutisár mánge!**
was ist das	*das ist/sind ...*	*hilf! ich-3*
Was ist das?	Das ist ...	Hilf mir!

In [eckigen Klammern] steht die Variante, die in den Balkan-Dialekten verwendet wird und den Ausdruck vor den eckigen Klammern ersetzt. Ansonsten wird ein mit * gekennzeichnetes Wort oder ganzer Satz nur in den Vlach-Varianten benutzt. Die Balkan-Varianten sind immer in dieser Schrift dargestellt.

Bei nicht eindeutigen deutschen Verbformen wird die handelnde Person in der Wort-für-Wort-Übersetzung in Klammern ergänzt!

Kamáv [mangáv] **pipé.**
möchte(-ich) Getränk
Ich möchte etwas zu trinken.

Músaj* te žav akaná.
muss dass gehe(-ich) jetzt
Ich muss jetzt gehen.

Mit Hilfe der Wort-für-Wort-Übersetzung können Sie bald eigene Sätze bilden. Sie können die Beispielsätze als Fundus von Satzschablonen und -mustern benutzen, die Sie Ihren eigenen Bedürfnissen anpassen. Um Ihnen das zu erleichtern, ist ein Teil der Beispielsätze nach allgemeinen Kriterien geordnet.

Die **Wörterlisten** am Ende des Buches enthalten einen Grundwortschatz von je ca. 950 Wörtern „Deutsch – Romani" und „Romani – Deutsch", mit denen man schon eine ganze Menge anfangen kann.

Die **Umschlagklappe** hilft, die wichtigsten Sätze und Formulierungen stets parat zu haben. Aufgeklappt kann die gewünschte Satzkonstruktion mit dem entsprechenden Vokabular aus den einzelnen Kapiteln kombiniert werden. Das Kapitel „Nichts verstanden ? – Weiterlernen!" befindet sich ebenfalls im Umschlag, stets bereit, mit der richtigen Formulierung für z. B. „Ich habe leider nicht verstanden" oder „Wie bitte?" auszuhelfen.

Seitenzahlen

Auf jeder Seite wird die Seitenzahl auch auf Romani angegeben!

Romani – die Sprache der Roma

Durch die starke Emigration der europäischen Roma in den letzten 100 Jahren findet man auch große Romani sprechende Minderheiten in Nord- und Südamerika sowie in Australien.

Die Sprache der Roma – das Romani – galt über lange Zeit als großes Rätsel der Sprachwissenschaft. Erst Ende des 18. Jahrhunderts gelang es dem deutschen Ethnologen Johann Christian Christoph Rüdiger gewisse Parallelen zu den nordindischen Sprachen festzustellen und damit nachzuweisen, dass die Roma ursprünglich aus Indien stammen.

Das Romani ist also in erster Linie eine indo-europäische Sprache, die sowohl in Wortschatz als auch in Grammatik den nordindischen Sprachen Sindhi, Gujarati, Punjabi, aber auch der indischen

Länder Europas, in denen Romani gesprochen wird und geschätzte Sprecherzahlen:

Albanien	90.000
Belgien	10.000
Bosnien-Herzegowina	40.000
Bulgarien	600.000
Deutschland	85.000
Frankreich	215.000
Griechenland	160.000
Großbritannien	1.000
Italien	80.000
Kasachstan	42.000
Kroatien	28.000
Lettland	18.700
Litauen	3.700
Makedonien	215.000

Niederlande	7.000
Österreich	20.000
Polen	50.000
Rumänien	1.030.000
Russland	405.000
Schweden	9.500
Serbien & Montenegro	380.000
Slowakei	300.000
Slowenien	8.000
Tchechien	140.000
Türkei	280.000
Ukraine	113.000
Ungarn	290.000
Weißrussland	27.000

Nationalsprache Hindi ähnelt. Romani ist die Muttersprache der Roma und begleitete sie auf ihrer Diaspora aus dem heutigen Indien bis ins Herz Europas. Auf dieser Reise adaptierten sie Wörter aus anderen Sprachen, wie vor allem dem Persischen, dem Armenischen, dem Griechischen und heutzutage aus den diversen Sprachen Südost- und Mitteleuropas. Das Romani stellt heute immer noch die Haupt-Umgangssprache der europäischen Roma dar, und das vom Atlantik bis ins Baltikum und ans Schwarze Meer. Verlässliche Sprecherzahlen gibt es zwar nicht, aber man kann davon ausgehen, dass in Europa zwischen vier und fünf Millionen Roma Romani als Muttersprache sprechen.

Vorsicht: Romani ist zwar die Umgangssprache der meisten Roma, dennoch beherrschen fast alle unter ihnen auch die jeweiligen Amtssprachen der Länder, in denen sie leben. Gerade in den Bereichen Verwaltung, Krankenwesen, Kommunikation usw. wird Romani so gut wie nie verwendet, und man sollte hierfür unbedingt auch ein paar Sprachkenntnisse über die jeweilige Landessprache mitbringen. Die Kapitel „Behörden", „Bank", „Post & Telefon" etc. werden deshalb in diesem Band nicht behandelt.

Die Dialekte

Nachdem die aus Indien kommenden Roma den europäischen Kontinent über Persien, den Kaukasus und Kleinasien vor ungefähr tausend Jahren erreicht hatten, spalteten sie sich in mehrere Gruppen und „verstreuten sich" in alle Himmelsrichtungen.

Diese Verstreuung der einzelnen Stämme über viele verschiedene Länder und Kulturkreise hatte auch eine entscheidende Auswirkung auf ihre Sprache, denn es bildeten sich unterschiedliche Varianten des Romani, und so findet man heute eine große Zahl an Dialekten, die sich speziell in der Aussprache und bedingt im Wortschatz, kaum aber in der Grammatik unterscheiden. Dennoch wird man mit dem im vorliegenden Buch – zumindest bei einfachen Unterhaltungen – von den meisten europäischen Roma verstanden werden. Auf die außereuropäischen Dialekte der Lom und Dom wird hier nicht eingegangen.

Die am besten erforschte Dialektgruppe, die auch die meisten Sprecher aufweist, ist die der so genannten **Vlach-Varianten**, die vorrangig in diesem

Romani – die Sprache der Roma

Eine Sonderrolle nehmen innerhalb der Vlach-Gruppe die beiden Dialektgruppen Kalderasch (rumänisch für „Kesselschmied") und Lovara (ungarisch für „Pferdehändler") ein, die sich immer mehr zu einer standardisierten Hochsprache des Romani entwickeln. Die Sprache dieses Buches orientiert sich in erster Linie an diesen beiden Dialekten.

Band vorgestellt wird. Die Sprecher dieser Dialekte wanderten, nachdem sie Indien bereits lange verlassen hatten, aus dem Gebiet Anatoliens bis ins heutige Rumänien, wo ihre Mundarten in Folge vor allem vom Rumänischen beeinflusst wurden. In den Gegenden der Walachei und im heutigen Moldawien gerieten sie in Leibeigenschaft bzw. in Sklaverei, die bis in die zweite Hälfte des 19. Jahrhunderts andauerte. Seit dieser Zeit fand eine erneute Emigration der Sprecher der Vlach-Gruppen statt, so dass man diese heute auch in Bosnien, Russland, Serbien, in der Ukraine und Ungarn, aber auch in vielen anderen Ländern Europas und in Übersee findet.

Die zweite bedeutende Dialektgruppe des Romani ist die der **Balkan-Varianten**. Hierbei handelt es sich um die Dialekte der Sprecher, die aus Kleinasien in andere Gegenden der Balkanhalbinsel auswanderten und deren Mundarten speziell vom Türkischen und den südslawischen Sprachen beeinflusst wurden. Sprecher der Balkan-Gruppe finden sich heute vorrangig in Albanien, Bulgarien, Griechenland, Makedonien, Südserbien, im Kosovo und in der Türkei. Im Kauderwelschband Romani wird eine Einführung in die wichtigsten Unterschiede dieser Dialekte im Unterschied zu den Vlach-Varianten gegeben. Als Basis gelten hierfür der in Makedonien und Serbien gesprochene Dialekt namens Arli (türk. *yerli* „ansässig"), sowie der der moslemischen „Zigeuner", welche oftmals auch als Xoraxané Romá (türkische Roma) bezeichnet werden.

Daneben gibt es im Romani noch weitere Dialekte, die nur noch kleinere Sprecherzahlen aufweisen und die man grob teilen kann in: die **Zentrale Gruppe** der in Österreich, in Ungarn, Polen, Tschechien und in der Slowakei gesprochenen Dialekte, die v. a. durch das Ungarische und das Slawische geprägt sind, sowie die **Nördliche Gruppe** der deutschen Sinti, der französischen Manouche sowie die in Nordrussland, in Finnland und dem Baltikum gesprochenen Dialekte, die stark vom Deutschen, den nord- und westslawischen sowie den baltischen Sprachen beeinflusst wurden. Im Rahmen dieses Buches kann auf diese beiden Dialektgruppen jedoch nicht im Detail eingegangen werden.

Die Mehrheit der Roma in Großbritannien, Skandinavien und auf der Iberischen Halbinsel beherrschen nicht mehr die „reine" Roma-Sprache, sondern die jeweiligen Amtssprachen dieser Länder gemischt mit einigen Wörtern aus dem Romani. Die zahlenmäßig wichtigsten dieser so genannten Para-Romani-Varianten sind das in Südspanien gesprochene Caló sowie das in England beheimatete Angloromani.

Die Roma nennen ihre Sprache selber übrigens Romanes. *Der Begriff „Romani" hingegen ist eine Schöpfung der modernen Sprachwissenschaft, der sich allerdings heute im Deutschen eingebürgert hat.*

Roma, Sinti oder „Zigeuner"?

Der Laie hat normalerweise Schwierigkeiten, die verschiedenen Bezeichnungen für die Roma zu verstehen. Der Begriff „Zigeuner" an sich hat heute etwas Abwertendes. In diesem Buch wird dieser Begriff nur gebraucht, wenn es sich nicht vermeiden lässt. Trotzdem soll dabei nie ein diskriminierendes Gedankengut ausgedrückt werden. Die „Zigeuner" bezeichnen sich selbst als Roma, wobei die Einzahl männlich ein Rom und die Einzahl weiblich eine Romni ist. Alle anderen sind Gadsche („Nicht-Zigeuner"), wobei es richtig ein Gadscho und eine Gadschi heißt. Diese Bezeichnungen werden im Folgenden vorgezogen.

Die Sinti sind diejenigen die sich etwa im 15. Jahrhundert in Mitteleuropa niederließen und deren Sprache stark durch das Deutsche mitgeprägt wurde. Die Einzahl ist ein Sinto und eine Sintiza, ihren Romani-Dialekt dagegen nennt man Sintitikes.

Aussprache & Umschrift

Das Romani ist keine ausgesprochene Schriftsprache. Obwohl es Ansätze einer Normierung gibt, wird die Sprache fast nur mündlich verwendet. Ausgesprochene Romani-Literatur gibt es nur bedingt. In diesem Buch wird eine etwas vereinfachte Umschrift der Roma-Sprache verwendet.

Selbstlaute

a	deutsches „a" wie in „**a**ber" **akaná** (jetzt)
e	geschlossenes „e" wie in „**E**sel" **eftá** (sieben)
i	„i" wie in „**I**sar" **iló** (Herz)
o	kurzes, offenes„o" wie in „Kassenb**o**n" (nicht lang und geschlossen in „**O**ma") **kórkoro** (alleine, einsam)
u	„u" wie in „**U**ngarn" **kurkó** (Sonntag, Woche)

Mitlaute

Die hier nicht aufgeführten Mitlaute (Konsonanten) werden wie im Deutschen ausgesprochen. Für einige Laute gibt es zwei verschiedene Aussprachemöglichkeiten, da diese je nach Dialekt variieren.

c	„ts" wie in „nach**ts**" oder „**C**elsius", **céra** (Zelt) Oft ist **c** eine dialektale Abweichung des **t**: **tiknó** / **cignó** (klein)
č	„tsch" wie in „Ma**tsch**" **čor** (Dieb)
g	„g" wie in „**g**elb" **gav** (Dorf) Viele Wörter, die in einem Dialekt mit **g** gesprochen werden, ersetzen diese in anderen Dialekten durch **dž**: **giv** / **dživ** (Getreide)

h	„h" wie in „**H**aus"; das **h** wird auch zur Bildung der behauchten Laute verwendet (s. u.) **hájdi!** (los geht's!), **them** (Land)
x	„ch" wie in „Ba**ch**" **xabé** (Essen, Nahrung)
j	deutsches „j" wie in „**J**ahr" **jakh** (Auge)
r	ein gerolltes „r" wie im italienischen „**R**oma" **rakló** (Junge)
s	stimmloses „s" wie in „Bu**s**" **sap** (Schlange) In vielen Mundarten wird **s** auch wie ein deutsches „h" gesprochen: **Devlésa** / **Devléha** (mit Gott)
š	„sch" wie in „**sch**ön" **šukár** (schön) In den Vlach-Dialekten wird **čh** häufig durch **š** ersetzt. Während man auf Kalderasch oder Lovari z. B. **šib** sagt, hört man auf Arli eher **čhib**: **šib** / **čhib** (Sprache)
tj	„tj" wie in „An**tj**e" oder wie „tch" in „Brö**tch**en" **ketjí?** (wie viel?)
v	„w" wie in „**w**arm" **veš** (Wald) Am Satzende wird **v** auch oft wie „o" oder „u" ausgesprochen: **abjáv** (Hochzeit)
z	stimmhaftes „s" wie in „Ro**s**e" **zor** (Kraft)
ž	„j" wie in „**J**ournal". In den Balkan-Dialekten klingt **ž** eher wie „dsch" in „**Dsch**ungel" oder „**J**eep": **žuvlí** (Frau)
dž	wie „dsch" in „**Dsch**ungel" oder „**J**eep". Dieser Laut wird je nach Dialekt auch zu **g**: **džilí** / **gilí** (Lied)

Außerdem kennt das Romani noch die typisch indischen, behauchten Laute, die eine Kombination aus einem Mitlaut plus **h** sind. Wichtig ist bei diesen Lauten, das **h** ganz deutlich als eigenen Buchstaben mitzusprechen, da es bedeutungsunterscheidend sein kann!

Wer vor allem mit Kalderasch- oder Lovara-Roma zu tun hat, sollte sich angewöhnen, **čh** *immer wie* **š** *(„sch") zu sprechen.*

čh	ein behauchtes „tsch" wie in „Qua**tschh**eimer" **čhurí** (Messer) In den Vlach-Dialekten wird das **čh** oft zu **š.** **lačhó** / **lašó** (gut)
kh	behauchtes „k" wie in „Bac**kh**uhn" **kher** (Haus)
ph	behauchtes „p" wie in „Bo**ph**ard" (nie wie „ph" wie in „**Ph**ysik"!) **phral** (Bruder)
th	behauchtes „t" wie in „Ä**th**er" **thud** (Milch)

Die richtige Aussprache der behauchten Laute ist sehr wichtig, da sich hierdurch Bedeutungsunterschiede ergeben können:

čor	Dieb	**čhor!**	Schütte!
kaj san?	Wo bist du?	**khaj san!**	Du bist ein Furz!
ker!	Mach!	**kher**	Haus
per!	Falle!	**pher!**	Fülle!
tav!	Koche!	**thav**	Faden

Betonung

Die Betonung wird durch einen Akzent ( ) auf dem Selbstlaut (Vokal) der betonten Silbe gekennzeichnet. Wenn nur ein Selbstlaut in einem Wort vorkommt, wird selbstverständlich dieser betont – auch wenn er keinen Akzent trägt.

Dennoch kennt das Romani einige Ausnahmen. So wird eine Bitte oder eine Befehlsform immer am Satzanfang betont und bei einer Verneinung immer die verneinenden Wörter. Lassen Sie sich aber durch diese Kleinigkeiten nicht verwirren, und benutzen Sie möglichst die zum Buch gehörende Tonaufnahme.

Unterschiede im Dialekt

Es gibt zwar eine Reihe von wesentlichen Unterschieden zwischen den Romani-Dialekten; der vorliegende Kauderwelsch-Band „Romani" vermittelt jedoch eine neutrale Variante dieser Sprache, mit der man problemlos von den meisten Roma verstanden wird. Wenn immer es unausweichlich scheint, zwei Wörter für einen Begriff zu geben, werden diese entsprechend gekennzeichnet:

khánči [ništo] nichts **fóro** [dis] Stadt

Der Grammatikteil dieses Buches basiert auf den Vlach-Dialekten Kalderasch und Lovari. Wo immer starke Abweichungen im Balkan-Dialekt Arli auftreten, werden diese genannt.

Dav dúma romanés.*
gebe(-ich) Wort Romani
Ich spreche Romani.

Keráv láfi romanés.
mache(-ich) Wort Romani
Ich spreche Romani.

Entscheiden Sie sich am besten von vornherein für einen Dialekt, und lernen Sie nur die dafür vorgesehenen Formen. Die Balkan-Dialekte empfehlen sich speziell demjenigen, der sich für die Roma des Südbalkan (Bulgarien, Kosovo, Makedonien und Südserbien) interessiert. Allen anderen sind die Vlach-Varianten nützlicher.

Reine Vlach-Wörter werden mit Sternchen (*) versehen, die der Balkan-Varianten werden in dieser Schrift *dargestellt. Folgt auf eine Vlach-Variante die Balkan-Variante direkt im Anschluss in eckigen Klammern, wird dieses Wort jedoch der Übersichtlichkeit halber nicht mit * markiert. Alle anderen (nicht gekennzeichneten) Wörter auf Romani entstammen zwar meist den Vlach-Mundarten, werden aber auch von den Balkan-Dialekt-Sprechern verstanden.*

Wörter, die weiterhelfen

Die folgenden Wendungen und Vokabeln werden Sie wahrscheinlich häufig brauchen, Sie benötigen dafür keine Grammatikkenntnisse, sondern können sofort mit dem Sprechen beginnen. Vor allem die Floskeln für „bitte", „danke" und „Entschuldigung" sind natürlich besonders wichtig.

Jertisár!* [Áfi ker!]	Entschuldige!
Del tu o Del bax!	Bitte!
Najís!* [Ov sastó!]	Danke!

Gibt es ...?

Si ...?
ist/sind ...
Gibt es ...?

Si manró?
ist Brot
Gibt es Brot?

Si bánja?
ist Badezimmer
Gibt es ein Bad?

In diesen Satz kann man alle passenden Vokabeln aus der Wörterliste unverändert einsetzen. Mögliche Antworten hierauf sind:

Va, si!
ja, ist/sind
Ja, es gibt.

Na, naj [nané]**!**
nein, nicht-ist/sind
Nein, gibt es nicht.

Wo ist ...? / Wo gibt es ...?

Kaj si ...?
wo ist/sind ...
Wo ist ...?

Kaj si o gav?
wo ist der Dorf
Wo ist das Dorf?

Kaj si o paj?
wo ist der Wasser
Wo gibt es Wasser?

Kaj si o vurdón?
wo ist der Wagen
Wo ist der Wagen?

pe stíngo [lévo] **rig** *auf links Seite*	links
pe čačí rig *auf rechts Seite*	rechts
vórta	geradeaus
kathé – kothé	hier – dort

Ich suche ...

Ródav kaj si ...
suche(-ich) wo ist ...
Ich suche nach ...

Ródav kaj si hotélo.
suche(-ich) wo ist Hotel
Ich suche nach einem Hotel.

Ródav kaj si doktóri.
suche(-ich) wo ist Arzt
Ich suche nach einem Arzt.

Ich möchte / will ... (haben).

Kamáv [mangáv] **...**
möchte(-ich) ...
Ich möchte ...

Kamáv [mangáv] **te xav.**
möchte(-ich) dass esse(-ich)
Ich möchte etwas zu essen.

Kamáv [mangáv] **te pjav.**
möchte(-ich) dass trinke(-ich)
Ich möchte etwas zu trinken.

Wie viel kostet ...?

Ketjí kerél kodó?
wieviel macht(-er) das
Wie viel kostet das?

Kerél ...
macht(-er) ...
Das kostet ...

Was ist das?

So si kodó?
was ist das
Was ist das?

Kodó si ...
das ist/sind ...
Das ist ...

Hauptwörter

Das Romani kennt zwei Geschlechter für Hauptwörter (Substantive). Das männliche und das weibliche (im Weiteren als „m“ und „w“ abgekürzt). Die Hauptwörter werden im Romani auch gebeugt. Dazu jedoch später.

grammatisches Geschlecht

Im Folgenden werden nur die weiblichen Hauptwörter – auch in der Wort-für-Wort-Übersetzung – durch (w) gekennzeichnet. Alle anderen sind folglich männlich. Beachten Sie, dass das grammatische Geschlecht im Deutschen nicht zwangsläufig dem im Romani entspricht.

Grundsätzlich gibt es keine eindeutige Regel, welche Wörter welches grammatische Geschlecht haben, und so bleibt dem Lernenden nichts weiter übrig, als diese zu lernen. Einige Faustregeln gibt es allerdings doch: So sind z. B. alle Wörter weiblich, die Frauen bezeichnen.

phen	Schwester
mamí, a.: **bába**	Großmutter
dej [daj]	Mutter

Weiterhin sind die meisten Wörter weiblich, die auf **-i** oder **-a** enden.

khajní	Henne	**lúma***	Welt
luludjí	Blume	**vrjáma**	Zeit
žuvlí	Frau	**róta***	Rad

Männlich sind alle Wörter, die männliche Lebewesen bezeichnen.

phral	Bruder
dad	Vater
pápo	Großvater

Männliche Wörter enden auch entweder auf **-o** oder häufig auf einem Mitlaut:

rakló	Junge	**kher**	Haus
iló	Herz	**manúš**	Mensch, Mann
manró	Brot	**grast**	Pferd, Hengst

Man kann durch Austausch von **-i** in **-o** auch weibliche Wörter in männliche umwandeln oder umgekehrt – natürlich nur, wenn es einen Sinn ergibt:

raklí	Mädchen	**rakló**	Junge
phivlí	Witwe	**phivló**	Witwer
phurí	alte Frau	**phuró**	alter Mann

Die Endung **-ipé** *(manchmal auch* **-ipo***) ist sowohl von Sprechern der Vlach- als auch der Balkan-Dialekte zu hören, während* **-imós** *(auch* **-imó***) nur in den Vlach-Varianten verwendet wird.*

Hauptwörter, die auf **-ipé** und **-imós*** enden, sind immer männlich.

sastipé, sastimós*	Gesundheit
nasvalipé, nasvalimós*	Krankheit
čoripé, čorimós*	Armut
čačipé, čačimós*	Wahrheit

Diese Regeln sollen jedoch nicht davon ablenken, dass sich im Romani – ähnlich wie im Deutschen – das grammatische Geschlecht nicht immer klar erkennen lässt. Es gibt eine Menge Ausnahmen, die man einfach lernen muss.

So sind beispielsweise die folgenden Wörter weiblich:

čhib	Sprache	**rjat**	Abend, Nacht
čhej	Mädchen	**zor**	Kraft, Stärke

Daneben gibt es einige männliche Lehnwörter, die gleichermaßen auf **-o** oder **-i** enden können.

doktóri / doktóro	Doktor, Arzt
februári / februáro	Februar
hotéli / hotélo	Hotel
žurnáli / žurnálo	Journal, Zeitschrift

Hauptwörter

Mehrzahl

Im Romani gibt es mehrere Möglichkeiten, die Mehrzahl (Plural) zu bilden. Die weiblichen Hauptwörter enden in der Mehrzahl meist auf **-já.**

phen	Schwester	**phenjá**	Schwestern
dej [daj]	Mutter	**dejá** [dajá]	Mütter

Bei den Hauptwörtern auf **-i** wird **-i** durch **-já** ersetzt.

gilí	Lied	**giljá**	Lieder
žuvlí	Frau	**žuvljá**	Frauen

Hauptwörter, die in der Einzahl auf **-a** enden, ersetzen **-a** in der Mehrzahl durch **-e.**

céra*	Zelt	**cére**	Zelte
vórba*	Wort	**vórbe**	Wörter

Genauso verhält es sich mit den männlichen Hauptwörtern, die auf **-o** enden.

Manchmal entfällt im Dialekt der Kalderasch und Lovara bei einsilbigen männlichen Hauptwörtern das -a *der Mehrzahlform. Die Mehrzahl wird dann nur durch den Artikel von der Einzahl unterschieden!* o Rom *(der Rom),* e Rom *(die Roma),* o phral *(der Bruder),* e phral *(die Brüder).*

rakló	Junge	**raklé**	Jungen
čhavó	Sohn	**čhavé**	Söhne

Die meisten anderen männlichen Hauptwörter (meistens auf Mitlaut) bilden die Mehrzahl auf **-á.**

kher	Haus	**kherá**	Häuser
Rom	Rom	**Romá**	Roma

Die Wörter auf **-ipé** und **-imós*** bilden die Mehrzahl etwas unregelmäßig auf **-máta.**

pipé, pimós*	Getränk	**pimáta**	Getränke
nasvalipé, nasvalimós*	Krankheit	**nasvalimáta**	Krankheiten

Des Weiteren gibt es einige Ausnahmen, die eigentlich gar keine sind, denn es handelt sich wieder um die neueren Lehnwörter, die oft die Mehrzahlform der Ursprungssprache erhalten. Man erkennt diese Lehnwörter daran, dass sie meistenteils auf **-o** enden, aber nicht die letzte Silbe betonen:

fóro*	Stadt, Markt	**fórur***	Städte, Märkte (a.: **fórura, fóruri**)
vrjáma	Zeit	**vrémi**	Zeiten

Artikel

Im Romani gibt es einen bestimmten Artikel. Er heißt **o** für männliche und **e** (auch **i**) für weibliche Hauptwörter. In den Vlach-Dialekten lautet er in der Mehrzahl für beide Formen **e** (auch **le**), in den Balkan-Varianten hingegen **o.**

Bei der Mehrzahlbildung auf **-ur**/**-ura** *bzw.* **-uri** *handelt es sich um die rumänische Mehrzahlform, die deshalb auch v. a. in den Vlach-Dialekten vorkommt. Viele internationale Wörter bilden die Mehrzahl in den Vlach-Dialekten mit dieser Endung, während sie in den Balkan-Dialekten meist regelmäßig auf* **-á** *oder* **-já** *enden.*

o Rom	der Rom	**e** |o| **Romá**	die Roma
o pápo	der Großvater	**e pápur**	die Großväter
e Romní	die Romi	**e** |o| **Romnjá**	die Romafrauen
e bibí	die Tante	**e** |o| **bibjá**	die Tanten
o čor	der Dieb	**e** |o| **čorá**	die Diebe
o gažó |o gadzo|	der Gadscho	**e gažé** |o gadžé|	die Gadsche
o manúš	der Mensch	**e manušá** |o manušá|	die Menschen

Einen eigenen unbestimmten Artikel gibt es im Romani nicht, man verwendet dafür ab und zu das Zählwort **jek** (eins).

jek papín
eins Gans(w)
eine Gans (aber wirklich nur eine!)

jek drom
eins Weg
ein Weg (und nicht zwei!)

Eigenschaftswörter

Die Eigenschaftswörter (Adjektive) stehen wie im Deutschen vor dem Hauptwort, auf das sie sich beziehen und richten sich in Geschlecht und Anzahl nach diesem. Es gibt neben diesen veränderlichen Eigenschaftswörtern auch solche, die unverändert sind.

Die veränderlichen haben in ihrer Grundform die männliche Endung **-ó.** Die weibliche Form endet auf **-í** und die Mehrzahlform auf **-é.**

o baró vurdón
der groß Wagen
der große Wagen

e barí phen
die große Schwester(w)
die große Schwester

e [o] baré múrša
die großen Männer
die großen Männer

e [o] baré žuvljá
die großen Frauen(w/Mz)
die großen Frauen

Die unveränderlichen Eigenschaftswörter ändern – wie die Bezeichnung schon verrät – zumindest im 1. Fall nie ihre Form. Man erkennt sie daran, dass sie auf einem Mitlaut enden.

o šukár rakló
der schön Junge
der schöne Junge

e šukár raklí
die schön Mädchen(w)
das schöne Mädchen

e [o] šukár raklé/rakljá
die schön Jungen/Mädchen(w/Mz)
die schönen Jungen

o godjavér Rom
der klug Rom
der kluge Rom

Daneben kennt das Romani einige unveränderliche Eigenschaftswörter, die jeweils nur eine Einzahl- und Mehrzahlform kennen. Bei diesen Eigenschaftswörtern handelt es sich um Lehnwörter, die

v. a. in den Vlach-Dialekten vorkommen. Zu den wichtigsten gehören:

drágo* (Mz: **drági, dráži**)	lieb
hárniko* (Mz: **hárniči**)	fleißig, arbeitsam
lúngo* (Mz: **lúngi, lundž**)	lang
skúrto* (Mz: **skurt, skúrci**)	kurz
súnto* (Mz: **súnci**)	heilig

Die unveränderlichen Eigenschaftswörter erkennt man daran, dass sie entweder auf einem Mitlaut oder einem unbetonten Selbstlaut enden.

e súnto Maríja
die heilige Maria

o súnto Del
der heilige (liebe) Gott

jek hárniko čhej
eins fleißig Mädchen
ein fleißiges Mädchen

Um die Aussage zu bestärken, wird dem Eigenschaftswort **but** (sehr, viel) vorangestellt.

jek but phuró Rom
eins sehr alter Rom
ein sehr alter Rom

e but cikní [tikní] žuvlí
die sehr kleine Frau(w)
die sehr kleine Frau

Übrigens kann man aus fast allen Eigenschaftswörtern Hauptwörter bilden, und zwar, indem man einfach ein **-ipé** anfügt (ein Selbstlaut am Wortende wird ausgetauscht). So erhält man:

phuró	alt	**phuripé**	(das) Alter
šukar	schön	**šukaripé**	Schönheit

Stellt man dem Eigenschaftswort den Artikel voran, erhält man ebenfalls ein Hauptwort, das sich auf eine Person bezieht.

o phuró	**e phurí**	**e phuré**
der Alte	die Alte	die Alten

Steigern & Vergleichen

Das Steigern von Eigenschaftswörtern bereitet keine Schwierigkeiten. Allerdings gibt es hier gewisse Unterschiede zwischen den Dialekten. In den Vlach-Varianten stellt man dem Eigenschaftswort **máj-** (mehr) voran (Komparativ). Für die 2. Steigerungsstufe (Superlativ) wird zusätzlich der bestimmte Artikel vorangestellt.

Vorsicht! Die Steigerungspartikel ziehen den Akzent meist auf sich.

baró	**máj-baro**	**o máj-baro**
groß	*mehr-groß*	*der mehr-groß*
groß	größer	der größte

In den Dialekten der Balkan-Gruppe hingegen verwendet man für die 1. Steigerungsstufe das Wörtchen **pó-** und für die 2. Steigerungsstufe **náj-**.

***Lačhó** (gut) wird regelmäßig mit **po lačhó** (besser) gesteigert. Allerdings ersetzen viele Balkan-Dialekte **lačhó** (gut) durch **šukár**, das in den Vlach-Dialekten „schön" heißt. „Besser" heißt dann demnach auch **pó-šukar**.*

tiknó	**pó-tikno**	**náj-tikno**
klein	*mehr-klein*	*meist-klein*
klein	kleiner	am kleinsten

máj-baro katár o kašt
mehr-groß als der Baum
größer als der Baum

pó-tikno tar o kher
mehr klein als das Haus
kleiner als das Haus

Das Romani kennt außerdem eine Verniedlichungsform, die äußerst häufig zu hören ist. Dabei hängt man an das Hauptwort **-oró** oder **-ró** an; **-orí** oder **-rí** ist die Verniedlichungsform bei weiblichen Hauptwörtern (ein Selbstlaut am Wortende wird durch diese Endungen ersetzt).

dad	Vater	**dadoró**	Väterchen
čhavó	Sohn, Kind	**čhavoró**	Söhn-/Kindchen
čhej (w)	Tochter	**čhejorí**	Töchterchen
pirí (w)	Topf	**pirorí**	Töpflein

Dieses & Jenes

Um etwas Bestimmtes zu bezeichnen, benützt man auf Romani die hinweisenden Fürwörter (Demonstrativpronomen). Sie sind veränderlich, d. h. es wird zwischen männlich und weiblich oder Ein- und Mehrzahl unterschieden. Außerdem gibt es wieder gewisse Unterschiede zwischen den Dialektvarianten:

Deutsch	Vlach-Dialekte	Balkan-Dialekte
dieser (m)	**kadó**, a.: **kadavá**	akavá
diese (w)	**kadí**, a.: **kačá**	akajá
diese (Mz)	**kadalá**	akalá
jener (m)	**kodó**, a.: **kodová**	oková
jene (w)	**kodí**, a.: **kučá**	okojá
jene (Mz)	**kodolá**	okolá

Die hinweisenden Fürwörter stehen normalerweise vor dem Hauptwort, auf das sie sich beziehen.

kadó [akavá] **žukél**
dieser Hund

kodó [okovâ] **čor**
jener Dieb

kačá [akajá] **čhurí**
dieses Messer

kučá [okojá] **phabáj**
jener Apfel

kadalá [akalá] **Romá**
diese Roma

kodolá [okolá] **luludjá**
jene Blumen

Sie können auch in Verbindung mit Eigenschaftswörtern stehen.

kadó [akavá] **thuló murš**
dieser dicke Mann(m)
dieser dicke Mann

kučá [okojá] **šukár žuvlí**
jene schöne Frau(w)
jene schöne Frau

Persönliche Fürwörter

Grundsätzlich ist als Anrede für einzelne Personen immer **tu** gebräuchlich, für mehrere dagegen immer **tumé.** Eine eigene Form für das höfliche „Sie“ gibt es nicht.

Das unpersönliche „es“ drückt man durch „er“ oder „sie“ aus, je nachdem, auf welches (gedachte) Hauptwort sich „es“ bezieht!

me	ich	**amé,** a.: **amén**	wir
tu	du	**tumé,** a.: **tumén**	ihr
vo [ov], a.: **vov**	er	**von** [on]	sie
voj [oj]	sie		

me taj tu
ich und du

Besitzanzeigende Fürwörter

Die besitzanzeigenden Fürwörter (Possessivpronomen) verhalten sich wie veränderliche Eigenschaftswörter und haben die gleichen Endungen; richten sich also in Zahl und Geschlecht nach dem dazugehörigen Hauptwort. Sie haben in ihrer Grundform die männliche Endung **-ó**. Die weibliche Form endet auf **-í** und die Mehrzahlform auf **-é.**

Die Kurzform **mo** *kann für beide Dialektvarianten verwendet werden.*

Deutsch	Vlach-Dialekte	Balkan-Dialekte
mein	**muró,** a.: **mo**	mo, a.: miró
dein	**tjo,** a.: **tjiró/ko,** a.: **kiró**	to, a.: tiró
sein	**lésko**	léskoro
ihr	**láko**	lákoro
unser	**amaró**	amaró
euer	**tumaró**	tumaró
ihr	**léngo**	léngoro

murí [mi] **romní**
meine Ehefrau

tjo [to] **rom**
dein Ehemann

tji [ti] **jakh**
dein Auge

tje [te] **phenjá**
deine Schwestern

muró [mo] **grast**
mein Pferd

láko [lákoro] **vurdón**
ihr Wagen

Die besitzanzeigenden Fürwörter werden dem Hauptwort, auf das sie sich beziehen, meist vorangestellt.

Verben & Zeiten

Die Verben (Tätigkeitswörter) sind ein umfassendes, wenn auch nicht besonders kompliziertes Thema. Es gibt verschiedene Zeitformen, die sich auf den Sprecher und die entsprechende Anzahl (Einzahl oder Mehrzahl) beziehen.

Grundform

Die Verben haben im Romani keine eigene Grundform (Infinitiv). Die Verbformen werden daher in der 3. Person Einzahl („er, sie") der Gegenwart angegeben. Hier unterscheidet man zwei Hauptgruppen: Die erste endet in der 3. Person Einzahl auf **-él**, im Folgenden „E-Gruppe" genannt. Eine zweite Gruppe, hier „A-Gruppe" genannt, bildet die Grundform (bzw. die 3. Person Einzahl) auf **-ál**/**-al.**

Da man von der 3. Person Einzahl („er/sie") als Grundform ausgeht, findet man die Verben auch unter dieser Form in den Wörterlisten.

E-Gruppe		A-Gruppe	
kerél	er/sie macht	**asál**	er/sie lacht
dikhél	er/sie sieht	**žal**	er/sie geht
phirél	er/sie reist	**xal**	er/sie isst

Der größte Teil der Verben gehört der E-Gruppe an. Ausgehend von der 3. Person Einzahl werden im Folgenden die verschiedenen Zeitstufen gebildet.

Gegenwart (Präsens)

Die Gegenwart ist die am häufigsten gebrauchte Zeitstufe des Romani. Um sie zu bilden, wird die Endung **-él** der E-Gruppe bzw. **-ál** der A-Gruppe durch die Personalendungen der Gegenwart ersetzt. Das persönliche Fürwort wird nur bei Betonung genannt.

In manchen Balkan-Dialekten entfällt das **-s** *in der 2. Person Einzahl* (**tu** *„du“) sowie in der 2. Person Mehrzahl* (**amé** *„ihr“). So hört man statt* **tu kerés** *und* **amé kerás** *auch oft* **tu keré** *und* **amé kerá**.

	E-Gruppe		A-Gruppe	
	kerél	„machen“	**žal**	„gehen“
me	**ker-áv**	ich mache	**ž-av**	ich gehe
tu	**ker-és**	du machst	**ž-as**	du gehst
vo [ov]	**ker-él**	er macht	**ž-al**	er geht
voj [oj]	**ker-él**	sie macht	**ž-al**	sie geht
amé	**ker-ás**	wir machen	**ž-as**	wir gehen
tumé	**ker-én**	ihr macht	**ž-an**	ihr geht
von [on]	**ker-én**	sie machen	**ž-an**	sie gehen

Neben der A- und E-Gruppe gibt es noch die Gruppe der entlehnten Verben. Sie stammen nicht aus dem Indischen, sondern aus anderen Sprachen und ersetzen das **-a-** oder **-e-** der Personalendung durch einen der zwei Selbstlaute **-i-** oder **-o-**.

	gindíl*	„denken“	**trajíl***	„leben, wohnen“	**ramól**	„schreiben“
me	**gind-ív**	ich denke	**traj-ív**	ich lebe/wohne	**ram-óv**	ich schreibe
tu	**gind-ís**	du denkst	**traj-ís**	du lebst/wohnst	**ram-ós**	du schreibst
vo	**gind-íl**	er denkt	**traj-íl**	er lebt/wohnt	**ram-ól**	er schreibt
voj	**gind-íl**	sie denkt	**traj-íl**	sie lebt/wohnt	**ram-ól**	sie schreibt
amé	**gind-ís**	wir denken	**traj-ís**	wir leben/wohnen	**ram-ós**	wir schreiben
tumé	**gind-ín**	ihr denkt	**traj-ín**	ihr lebt/wohnt	**ram-ón**	ihr schreibt
von	**gind-ín**	sie denken	**traj-ín**	sie leben/wohnen	**ram-ón**	sie schreiben

Es gibt eine weitere Möglichkeit, diese entlehnten Verben zu beugen. Hierbei stellt man dem Wortstamm **-isar-** nach und beugt das Verb nach dem Muster der E-Gruppe. Das bedeutet, dass die meisten dieser Verben zwei Versionen haben.

Kurzform	Langform	
(me) gindív	**(me) gindisaráv**	ich denke
(vo) ažutíl	**(vo) ažutisarél**	er hilft

Die Langform wird zwar fast nie in der Gegenwart verwendet, aber man braucht sie in der Vergangenheit.

wichtige unregelmäßige Verben in der Gegenwart

Einige wichtige Verben werden abweichend von den oben vorgestellten Beugungsmustern gebeugt.

	bušól heißen	**mothól** sagen	**pel** trinken	**thol** stellen
me	**buš-uváv**	**moth-áv**	**p-jav**	**th-av**
tu	**buš-ós**	**moth-ós**	**p-es**	**th-os**
vo [ov]	**buš-ól**	**moth-ól**	**p-el**	**th-ol**
voj [oj]	**buš-ól**	**moth-ól**	**p-el**	**th-ol**
amé	**buš-uvás**	**moth-ás**	**p-jas**	**th-as**
tumé	**buš-ón**	**moth-ón**	**p-en**	**th-on**
von [on]	**buš-ón**	**moth-ón**	**p-en**	**th-on**

Das Verb **thol** *bedeutet neben „stellen" auch „setzen, legen".*

In den Balkan-Dialekten wird an die Gegenwartsform oft noch ein **-a** angehängt. Es kann also (muss aber nicht unbedingt) heißen:

(me) aváv	(me) avává	ich komme
(tu) kerés	(tu) kerésa	du machst
(vo) mothól	(ov) mothóla	er sagt
(amé) pjás	(amé) pjása	wir trinken

In manchen Vlach-Varianten – v. a. bei den Lovara – kann die lange Form auf **-a** *außerdem auch die Zukunft bezeichnen, z. B.* **vo avéla** *„er wird kommen".*

(Amé) trajís [dživás] **kathé.**
(wir) leben(-wir) hier
Wir leben/wohnen hier.

Adjés keráv butjí [butí]**.**
heute mache(-ich) Arbeit(w)
Ich arbeite heute.

Das Verb **kerél** (machen) wird oft mit Hauptwörtern wie **butjí** (Arbeit) usw. verbunden. Man kann so praktisch aus jedem Hauptwort ein Tätigkeitswort (Verb) machen.

das Verb si (sein) in der Gegenwart

Das Verb **si** [si/isí] (sein) ist auch im Romani unregelmäßig und wird in den Vlach- und Balkan-Dialekten unterschiedlich gebeugt.

	Vlach-Dialekte	Balkan-Dialekte	
me	**sim**	**sjum**	ich bin
tu	**san**, a.: **sal**	**sjan**	du bist
vo [ov]	**si**	**si**, a.: **isí**	er ist
voj [oj]	**si**	**si**, a.: **isí**	sie ist
amé	**sam**	**sjam**	wir sind
tumé	**san**, a.: **sen**	**sjen**	ihr seid
von [on]	**si**	**si**, a.: **isí**	sie sind

„Sein" kann übrigens sowohl vor als auch nach dem zugehörigen Haupt- bzw. Eigenschaftswort stehen, auf das es sich bezieht.

Da die Verbformen im Romani eindeutig die handelnde Personen bezeichnen, kann man die persönlichen Fürwörter weglassen.

Me sim [sjum] **njámco/ njamcójka.**
ich bin Deutscher/-e(w)
Ich bin Deutscher/-e.

Ínke čhavoró san.*
Pánda čhavoró sjan.
noch Kind bist
Du bist noch ein Kind.

Phenjá sam [sjam].
Schwestern(w) sind(-wir)
Wir sind Schwestern.

Kalderáša san [sjen] **tumé?**
Kalderasch seid ihr
Seid ihr Kalderasch-Roma?

Kadó si muró vortáko.*
Akavá si mo amál.
dieser ist mein Freund(m)
Das ist mein Freund.

Kadalá [akalá] **si tumaré lové.**
diese sind euer Gelder
Dies ist euer Geld.

Vor allem in den Vlach-Dialekten gibt es für drei Personen noch spezielle Kurzformen. Diese Formen sind **-lo** (er ist), **-la** (sie ist) und **-le** (sie sind). Sie werden an das entsprechende Aussagewort angehängt und nie betont!

So kann z. B. „er ist klein“ auf diese zwei Arten ausgedrückt werden:

Ciknó [tiknó] **si.**	**Cikinó-lo.**	**Cikní-la.**
klein ist	*klein-(er-)ist*	*klein-(sie-)ist*
Er ist klein.	Er ist klein.	Sie ist klein.

Vergangenheit

Verben haben in der Vergangenheit andere Personalendungen als in der Gegenwart (s. Tabelle). Darüber hinaus wird zwischen Verbstamm und Personalendung der „Zeitmarker“ **-d-** oder **-l-** eingefügt, der die Vergangenheit kennzeichnet.

Endet der Verbstamm auf **-l, -n, -r** oder **-v,** wird der Zeitmarker **-d-** eingefügt, endet er auf **-g, -k, -kh, -m, -s, -čh** oder **-š,** wird der Zeitmarker **-l-** eingefügt.

Hinweis: Den Verbstamm erhält man, wenn man von der Grundform (das ist die 3. Person Einzahl) die Endung **-él, -ál/-al, -ól, -íl** *abstreicht.*

ker-él	machen	**puchél**	fragen
ker-d-ém [kerdúm]	ich machte	**puch-l-ém** [puchlúm]	ich fragte
ker-d-án	du machtest	**puch-l-án**	du fragtest
ker-d-ás	er machte	**puch-l-ás**	er fragte
ker-d-ás	sie machte	**puch-l-ás**	sie fragte
ker-d-ám	wir machten	**puch-l-ám**	wir fragten
ker-d-én	ihr machtet	**puch-l-én**	ihr fragtet
ker-d-é	sie machten	**puch-l-é**	sie fragten

Zwei wichtige Verben haben in den Balkan-Dialekten andere Vergangenheitsformen als in den Vlach-Dialekten.

In manchen Balkan-Dialekten wird der Zeitmarker **-d-** *durch* **-gj-** *ersetzt, also beispielsweise* **me kergjúm** *„ich mache“.*

dav, dem [dinúm]	ich gebe, ich gab
lav, lem [lilúm]	ich nehme, ich nahm

In den Balkan-Dialekten wird dann regelmäßig weitergebeugt mit **dinán, dinás ...** bzw. **lilán, lilás ...**

Die entlehnten Verben werden regelmäßig auf **-dém** usw. gebildet (s. o.), allerdings ausgehend von der jeweiligen Langform mit eingeschobenem **-isar-** bzw. **-osar-**.

	gindíl (denken)	**ramól** (schreiben)
ich	**gindisar-d-ém**	**ramosar-d-ém**
	ich dachte	du schriebst
du	**gindisar-d-án**	**ramosar-d-án**
er	**gindisar-d-ás**	**ramosar-d-ás**
sie	**gindisar-d-ás**	**ramosar-d-ás**
wir	**gindisar-d-ám**	**ramosar-d-ám**
ihr	**gindisar-d-én**	**ramosar-d-én**
sie (Mz)	**gindisar-d-é**	**ramosar-d-é**

unregelmäßige Vergangenheitsformen

Hier acht wichtige Verben, die einige Unregelmäßigkeiten beinhalten und die man bei Bedarf auswendig lernen sollte:

ašél	**avél**	**merél**	**pel**	**sovél**	**xav**	**žal**	**žanél**
bleiben	kommen	sterben	trinken	schlafen	essen	gehen	wissen
ašilém	**avilém**	**mulém**	**pilém**	**sutém**	**xalém**	**gelém**	**žanglém**
ašilán	**avilán**	**mulán**	**pilán**	**sután**	**xalán**	**gelán**	**žanglán**
ašiló/ašilás	**aviló/avilás**	**muló/mulás**	**pilás**	**sutó/sutás**	**xalás**	**geló/gelás**	**žanglás**
ašilí/ašilás	**avilí/avilás**	**mulí/mulás**	**pilás**	**sutí/sutás**	**xalás**	**gelí/gelás**	**žanglás**
ašilám	**avilám**	**mulám**	**pilám**	**sutám**	**xalám**	**gelám**	**žanglám**
ašilén	**avilén**	**mulén**	**pilén**	**sutén**	**xalén**	**gelén**	**žanglén**
ašilé	**avilé**	**mulé**	**pilé**	**suté**	**xalé**	**gelé**	**žanglé**

Ašilém kothé štar kurké.
blieb(-ich) dort vier Wochen
Ich blieb vier Wochen dort.

Aratjí [idž] **pilám but mol.**
gestern tranken(-wir) viel Wein(w)
Gestern haben wir viel Wein getrunken.

Einige deutsche Eigenschaftswörter werden auf Romani durch Verben in der Vergangenheit umschrieben, so als wäre die Eigenschaft das Ergebnis einer vorangegangenen Handlung.

Bokhajlém.	(auch:) **Bokhaló/bokhalí sim.**
hungrig-wurde(-ich)	*hungrig(m/w) bin*
Ich habe Hunger.	Ich *(Mann/Frau)* bin hungrig.

Trušájlem.	(auch:) **Trušaló/trušalí sim.**
durstig-wurde(-ich)	*durstig(m/w) bin*
Ich habe Durst.	Ich *(Mann/Frau)* bin durstig.

Nasvájlem.	(auch:) **Nasvaló/nasvalí sim.**
krank-wurde(-ich)	*krank(m/w) bin*
Ich bin krank.	Ich *(Mann/Frau)* bin krank.

Beachten Sie: Das Eigenschaftswort richtet sich hier – da es eine Ergänzung der Satzaussage mit dem Verb **si** [**isí**] *(sein) ist – im grammatischen Geschlecht danach, ob die handelnde Person männlich oder weiblich ist. Spricht also ein Mann von sich, verwendet er die männliche Variante des Eigenschaftswortes, eine Frau hingegen verwendet die weibliche.*

das Verb si (sein) in der Vergangenheit

Vlach-Dialekte	Balkan-Dialekte	
símas	**sjum siné**, a.: **sjúmas**	ich war
sánas	**sjan siné**, a.: **sjánas**	du warst
sas	**siné**	er war
sas	**siné**	sie war
sámas	**sjam siné**, a.: **sjámas**	wir waren
sánas	**sjon siné**, a.: **sjénas**	ihr wart
sas	**siné**	sie waren

Die Balkan Dialekte kennen auch eine unabhängige Vergangenheitsform für das Verb **si**/**isí** *(sein).*

Vlach-Dialekte haben eine eigene Vergangenheitsform für „sein", in den meisten Balkan-Dialekten verwendet man die Gegenwartsform plus **siné** (gewesen). Nur bei der 3. Person Einzahl („er/sie") und Mehrzahl („sie") entfällt die gebeugte Form von „sein" ganz.

Sámas kothé.	**Sjum siné kothé.**
war(-ich) dort	*bin gewesen dort*
Ich war dort.	Ich war dort.

Zukunft (Futur)

Das Romani kennt keine unabhängige Form für das grammatische Futur. Um auszudrücken, dass etwas in der Zukunft geschehen wird, stellt man dem gebeugten Verb in der Gegenwart die Zukunftspartikel **ka** oder **kam** voran.

Da **ka** *keine eigene Wortbedeutung, sondern nur eine Funktion hat, steht in der Wort-für-Wort Übersetzung nur die Abkürzung „ZUK" für „Zukunft".*

Ka ramóv [pišinav] **lil.**
ZUK schreibe(-ich) Brief
Ich werde einen Brief schreiben.

Tehára [tasjá] **ka khelás.**
morgen ZUK tanzen(-wir)
Wir werden morgen tanzen gehen.

Für das Verb „sein" in der Zukunft verwendet man **avél** (kommen, a.: werden).

Tehára [tasjá] **kam avél kathé.**
morgen ZUK wird(-er/sie) hier
Morgen wird er/sie hier sein.

Rückbezügliche Verben

Wie das Deutsche kennt auch das Romani rückbezügliche Verben. Diese werden mit den rückbezüglichen Fürwörtern (Reflexivpronomen) gebildet, das wie im Deutschen dem gebeugten Verb nachgestellt ist.

Das Verb **thol** *kann neben den bereits bekannten Bedeutungen „setzen, stellen, legen" auch „waschen" heißen.*

me	**thav**	**ma**	ich wasche mich
tu	**thos**	**tu**	du wäscht dich
vo [ov]	**thol**	**pe**	er wäscht sich
voj [oj]	**thol**	**pe**	sie wäscht sich
amé	**thas**	**amé**	wir waschen uns
tumé	**thon**	**tumé**	ihr wascht euch
von [on]	**thon**	**pe**	sie waschen sich

In der Vergangenheit oder in der Zukunft wird wie bei anderen Verben nur das Verb selber gebeugt, das rückbezügliche Fürwort ist zeitenunabhängig.

Thodém ma.
wusch(-ich) mich
Ich habe mich gewaschen.

Odmorindúm ma.
ausruhte(-ich) mich
Ich ruhte mich aus.

Boldém ma pálpale.
umkehrte(-ich) mich zurück
Ich kam zurück.

Nicht alle Verben, die im Deutschen rückbezüglich sind, sind dies zwangsläufig auch im Romani:

kajíl pe	bereuen	**smilujíl pe**	erbarmen
svidjól pe	gefallen	**lel pe**	beginnen

Wollen, Möchten & Co.

Für die deutschen Modalverben „wollen, möchten, dürfen, müssen, können" verwendet das Romani teilweise andere Konstruktionen als im Deutschen.

wollen & möchten

Um „(etwas tun) wollen/möchten" auszudrücken, werden in den Vlach-Dialekten das Modalverb **kamél** (möchten, wollen, lieben) bzw. **mangél** (wollen, bitten) in den Balkan-Dialekten und das Vollverb durch das Bindewort **te** (dass) zusammengefügt. Im Deutschen wird das Vollverb in seiner Grundform (Infinitiv) nachgestellt. Im Romani werden jedoch beide Verben gebeugt (z. B. „ich möchte dass ich trinke")!

Kamáv [mangáv] te pjav káfa.
möchte(-ich) [bitte(-ich)] dass trinke(-ich) Kaffee
Ich möchte einen Kaffee trinken.

Wollen, Möchten & Co.

Mangél hat die Bedeutung „bitten", wird aber – vor allem von den Balkan-Gruppen – auch im Sinne von „wollen/möchten" verwendet.

Kamáv [mangáv] **te xav, but bokhajlém.**
möchte(-ich) [bitte(-ich)] dass esse(-ich), sehr hungrig-wurde(-ich)
Ich möchte etwas zu essen, (denn) ich bin sehr hungrig.

Kamás [mangás] **te xas manró.**
möchten(-wir) [bitten(-wir)] dass essen(-wir) Brot
Wir möchten Brot essen.

können Für unser „können" gibt es im Romani nur die unveränderliche (auch zeitenunabhängige) Partikel **šaj**, die dem gewünschten Verb, auf das es sich beziehen soll, vorangestellt wird. In der Wort-für-Wort-Übersetzung wird es mit „können" übersetzt (auch wenn es sich nicht um ein Verb handelt). Das damit kombinierte Verb muss jedoch immer gebeugt werden!

Šaj aváv.
können komme(-ich)
Ich kann kommen.

Šaj aviló.
können kam(-er)
Er konnte kommen.

Šaj avás.
können kommen(-wir)
Wir werden kommen können.

Oft wird **šaj** auch **te** (dass) nachgestellt:

Šaj te phenés mánge kaj si o drom.
können dass sagst ich-3 wo ist der Straße
Du kannst mir sagen, wo die Straße ist.

Wenn es um „können" im Sinne von einer erlernten Fähigkeit geht, benutzt man das Verb **žanél** (wissen).

Žanél te gilábel but mištó.
weiß(-er-/sie) dass singt(-er/-sie) sehr gut(U)
Er/sie kann sehr gut singen.

müssen

Um das deutsche Hilfsverb „müssen" auszudrücken, verwendet man die unpersönliche Formulierung **si te** (man muss, wörtlich „ist dass/zu").

Adjés si te keráv butjí [butí]**.**
heute ist dass mache(-ich) Arbeit(w)
Heute muss ich arbeiten.

Ebenso oft hört man den aus dem Rumänisch stammenden unpersönlichen Ausdruck **músaj te** (man muss), der aber eher typisch nur für die Vlach-Dialekte ist.

Músaj* te žav akaná.
muss dass gehe(-ich) jetzt
Ich muss jetzt gehen.

Ebenso wird hauptsächlich in den Vlach-Dialekten der unveränderliche Ausdruck **trobúl te** (man muss/man soll) verwendet, der allerdings weniger nachdrücklich gemeint ist als die beiden oben beschriebenen Varianten.

Trobúl* te sitjuváv romanés.
muss(-man) dass lerne(-ich) Romani
Ich muss Romani lernen. (... und kann deswegen nicht ins Kino gehen)

dürfen

Die Entsprechung für das deutsche Verb „dürfen" ist im Romani das leicht unregelmäßige Verb **tromál** (in der Vergangenheit: **tromájlem**), das auch die Bedeutung von „(etwas) wagen" haben kann.

Tromáv te dav andré?
darf(-ich) dass gebe(-ich) drinnen
Darf ich reinkommen?

Umstandswörter

Mit Umstandswörtern (Adverbien) kann man Verben näher bestimmen. Man unterscheidet selbständige Umstandswörter (wie „gestern, heute" usw.), Umstandswörter des Grades („sehr, mehr" usw.) und von Eigenschaftswörtern abgeleitete Umstandswörter, um die es hier gehen soll.

Um von veränderlichen Eigenschaftswörtern Umstandswörter zu bilden, ersetzt man die veränderliche Endung des Eigenschaftswortes (männlich Einzahl) **-o** durch **-és:**

In der Wort-für-Wort-Übersetzung werden Umstandswörter mit „(U)" gekennzeichnet. **Mištó** *(gut) wird nur als Umstandswort benutzt und ist unveränderlich.*

lačhó	→	**lačhés/mištó** (U)	gut
lokó	→	**lokés** (U)	langsam, leise
zuraló	→	**zuralés** (U)	laut, stark, sehr

Das Umstandswort kann dem Verb voran- oder nachgestellt sein.

Žav lokés.
gehe(-ich) langsam(U)
Ich gehe langsam.

Zuralés cipís.
laut(U) schreist
Du schreist laut.

Um von unveränderlichen Eigenschaftswörtern Umstandwörter zu bilden, hängt man die Endung **-és** an.

Mištó žanés romanés.
gut(U) weißt Romani
Du sprichst (beherrscht) gut Romani.

But šukarés gilábes.
sehr schön(U) singst
Du singst sehr schön.

Eine Ausnahme bildet **lačhó** *(gut), dessen gesteigertes Umstandswort* **féder** *oder* **maj féder** *(besser/am besten) ist.*

Maj féder te avés.
mehr besser dass kommst
Es ist besser, du kommst.

Von Fall zu Fall – die Beugung

Im Romani können Hauptwörter, Eigenschaftswörter und persönliche Fürwörter gebeugt werden. Es gibt insgesamt sieben Fälle, die sich in Ein- und Mehrzahl unterscheiden.

Beugung der Hauptwörter

Um Hauptwörter, die Lebewesen bezeichnen (Menschen, Tiere), zu beugen, werden die Beugungsendungen (s. folgende Tabelle) immer an das ungebeugte Hauptwort Einzahl angehängt. Es wird zwischen männlich/weiblich und Ein-/Mehrzahl unterschieden. Endet das betreffende Hauptwort auf einem Selbstlaut, wird dieser Selbstlaut durch die Beugungsendung ersetzt.

Hauptwörter, die unbelebte Dinge bezeichnen (darunter fallen nicht nur Telefon, Auto, sondern auch Pflanzen, u. U. auch mal kleine Insekten), können keinen 4. Fall bilden. In den anderen Fällen unterscheiden sich ihre Beugungsendungen nicht.

Fälle	m Ez	m Mz	w Ez	w Mz
2. Genitiv (wessen?)	-ésko/ -éskoro	-éngo/ -éngoro	-jáko/ -jákoro	-jángo/ -jángoro
3. Dativ (wem?)	-éske	-énge	-jáke	-jánge
4. Akkusativ (wen?)	-és	-én	-já	-ján
5. Ablativ (von wem?/wo?)	-éstar	-éndar	-játar	-jándar
6. Lokativ (wo?)	-éste	-énde	-játe	-jande
7. Instrumental (mit wem?)	-éssa	-énca	-jása	-jánca

rom	**romés**	**romén**
Mann	*Mann-4*	*Männer-4*
Mann	(den) Mann	(die) Männer

raklí	**rakljá**	**rakljoriginalán**
Mädchen	*Mädchen(Ez)-4*	*Mädchen(Mz)-4*
Mädchen	(das) Mädchen	(die) Mädchen

Von Fall zu Fall – die Beugung

In der Wort-für-Wort-Übersetzung sind gebeugte Wörter mit der jeweiligen Fallnummer gekennzeichnet. Möchte man also ein gebeugtes Wort in einem Satz austauschen, ist dieses in demselben Fall zu beugen.

Ramóv [pišínav] **lil.**
schreibe Brief
Ich schreibe einen Brief.

Die neueren Lehnwörter auf **-o** (meistens sind sie männlich), die nicht auf der letzten Silbe betont werden, weichen im Beugungsschema leicht ab. Die Beugungsendungen dieser Wörter beginnen grundsätzlich mit **-ó...** (Ez/Mz).

fóro*	**e foróstar**	**pódo***	**e podónca**
Stadt	aus der Stadt	Brücke	mit den Brücken

Beugung des Artikels

Die Artikel gebeugter Hauptwörter werden – unabhängig vom Fall, in dem das zugehörige Hauptwort steht – zu **e** (männlich und Mehrzahl) bzw. **a** (nur weiblich Einzahl). In der Wort-für-Wort-Übersetzung steht – da es hier nur eine gebeugte Form ohne Fallnummer gibt – (g) für „gebeugt" bei allen gebeugten Wörtern, die keine Hauptwörter sind.

Vo [ov] **mothól e roméske o čačipé.**
er gibt(-er) der(g) Junge-3 die Wahrheit
Er sagt dem Mann die Wahrheit.

Eigenschaftswörter & besitzanzeigende Fürwörter

Wenn Eigenschaftswörter oder besitzanzeigende Fürwörter sich auf gebeugte Hauptwörter beziehen, ändern diese – wie der Artikel – ihre Endung in **-e** (m Ez/Mz, w Mz) bzw. **-a** (w Ez).

Si te dav dúma [vakeráv] **a šukará rakljása!**
ist dass gebe(-ich) Wort(w) [spreche(-ich)] die(g) schön(g) Mädchen-7
Ich muss mit dem schönen Mädchen reden!

Dikhlém e phuré dadés.
sah(-ich) der(g) alt(g) Vater-4
Ich habe den alten Vater gesehen.

Ašundém sa muré [me] phraléndar.
hörte(-ich) alles meine(Mz)(g) Brüder-5
Ich habe alles von meinen Brüdern gehört.

Žanáv e paramíči murá [ma] phenjátar.
weißt die Geschichte(w) meine(g) Schwester-5
Ich kenne die Geschichte von meiner Schwester.

e roméski [roméskiri] žuvlí
die Mann-2 Frau(w)
die Frau des Rom

o čhejáko [čhejákoro] dad
der Mädchen-2 Vater
der Vater des Mädchens

Achtung: Bezieht sich der 2. Fall (Genitiv) auf ein männliches Hauptwort, hat er eine andere Endung, als wenn er sich auf ein weibliches bezieht!

Beugung der hinweisenden Fürwörter

Auch die hinweisenden Fürwörter werden gebeugt; hier nur die im 4. Fall gebeugten Formen. Alle anderen Fälle lassen sich bei Bedarf einfach ableiten.

	Vlach-Dialekte	Balkan-Dialekte
diesen (m)	**kadalés**	akalé
diese (w)	**kadalá**	akalé
diese (Mz)	**kadalén**	akalé
jenen (m)	**kodolés**	okolé
jene (w)	**kodolá**	okolé
jene (Mz)	**kodolén**	okolé

Beugung der persönlichen Fürwörter

Die persönlichen Fürwörter haben für alle Fälle gebeugte Formen. Sie sind etwas unregelmäßig. Der 2. Fall ist identisch mit den besitzanzeigenden Fürwörtern!

Von Fall zu Fall – die Beugung

Fall	ich	du	er	sie (Ez)	wir	ihr	sie (Mz)
1.	**me** (ich)	**tu**	**vo** [ov]	**voj** [oj]	**amé**	**tumé**	**von** [on]
3.	**mánge** (mir)	**túke**	**léske**	**láke**	**aménge**	**tuménge**	**lénge**
4.	**ma, man** (mich)	**tu, tut**	**les** [le]	**la**	**amé, amén**	**tumé, tumén**	**len**
5.	**mándar** (von mir)	**tútar**	**léstar**	**látar**	**améndar**	**tuméndar**	**léndar**
6.	**mánde** (in mir)	**túte**	**léste**	**láte**	**aménde**	**tuménde**	**lénde**
7.	**mánca** (mit mir)	**túsa**	**lésa**	**lása**	**aménca**	**tuménca**	**lénca**

Das Verb **del** *(geben) fordert den 4. Fall und nicht wie im Deutschen den 3. Fall!*

Šundém e nevimáta léstar.
hörte der(g) Neuigkeiten er-5
Ich hörte die Neuigkeiten von ihm.

Dav les lové pála o manró.
gebe er-4 für der Brot
Ich gebe ihm Geld für das Brot.

Vor allem der 3. und 4. Fall (Dativ und Akkusativ) der persönlichen Fürwörter wird auch in festen Ausdrücken und mit bestimmten Verben gebraucht, bei denen sich das Verb in Zahl und Geschlecht immer nach der Satzergänzung (Objekt) und nicht nach dem Satzgegenstand (Subjekt) richtet. So verhält es sich beispielsweise mit den folgenden Verben.

O nevó kher plačál amé.*
der neu Haus gefällt wir-4
Das neue Haus gefällt uns.

O nevó kher svidjól pe aménge.
der neu Haus gefällt auf wir-3
Das neue Haus gefällt uns.

Mjázol mánge ke čačó Rom san [sjan].
scheint ich-3 dass echt Rom bist
Es scheint mir, als wärst du ein echter Rom.

Trobúl ma doktóri.
braucht(-man) ich-4 Arzt
Ich brauche einen Arzt.

Der 3. Fall wird häufig zur Verstärkung verwendet.

Ájde beš túke akaná!
los setz du-3 jetzt
Los setz dich doch mal!

Haben & Besitzen

Das Verb „haben“ wird im Romani nicht durch ein Verb ausgedrückt, sondern durch die Kombination des Verbs **si** [si/isí] (sein) plus dem im 4. Fall stehenden gewünschten persönlichen Fürwort umschrieben.

In jeder Zeitstufe steht das Verb **si** [si/isí] jeweils nur in der Form der 3. Person Einzahl (also „(er/sie) ist/war/wird“).

Gegenwart		**Vergangenheit**	
si ma *ist ich-4*	ich habe	**sas ma** *war(-es) ich-4*	ich hatte
si tu *ist du-4*	du hast	**sas tu** *war(-es) du-4*	du hattest
si les	er hat	**sas les**	er hatte
si la	sie hat	**sas la**	sie hatte
si amé	wir haben	**sas amé**	wir hatten
si tumé	ihr habt	**sas tumé**	ihr hattet
si len	sie haben	**sas len**	sie hatten

Si ma jek čhavó.
ist ich-4 eins Sohn
Ich habe einen Sohn.

Sas [siné] **amé but bax.**
war wir-4 viel Glück
Wir hatten viel Glück.

Tehára avél ma vrjáma.
morgen wird ich-4 Zeit
Morgen werde ich Zeit haben.

So si túke?
was ist du-3
Was hast du? / Was ist los mit dir?

Steht das persönliche Fürwort im 3. Fall, erhält man „haben“ im Sinne von „Probleme haben“ oder „etwas los sein“.

Adjés si mánge rucíja.*
heute ist ich-3 Langeweile(w)
Heute ist mir langweilig.

Adjés si mánge.
heute ist ich-3
Heute bin ich schlecht drauf.

Bindewörter

Die Bindewörter werden im Großen und Ganzen wie im Deutschen verwendet, einige davon benötigen in der Verbindung mit den persönlichen Fürwörtern einen bestimmten Fall. Es gibt allerdings einige wichtige Unterscheidungen zwischen den beiden Dialektvarianten.

In der nebenstehenden Liste stehen sowohl Vlach- als auch Balkan-Varianten, alle nicht extra gekennzeichneten Wörter sind für beide Dialektgruppen gültig.

taj, thaj, aj*, hem/em	und
vaj*, íli	oder
áli, núma*, áma	aber
ánda kodó*, kodoléske*, odoléske	deshalb
ápo	also, nun
athóska, atúnči*, pósle, palál	dann, (da-) nach, nachdem (zeitl.)
kaj, ke	dass, denn, weil
kaná, ked, kóga	als, wenn (zeitl.)
ke	weil
kon, kaj*, so*	welcher
te, t' (vor Selbstlauten)	dass, wenn/falls, damit, um zu
víte, makár*, makár ke*, takáj	obwohl
žíkaj*, džíkaj	während

Mištó žanés romanés víte san [sjan] **gažó.**
gut(U) weißt Romani obwohl bist Gadscho
Du sprichst Romani, obwohl du ein Gadscho („Nicht-Zigeuner") bist.

Ein etwas komplexeres Kapitel ist die richtige Unterscheidung der beiden „dass" (**ke** und **te**) im Romani. **Ke** wird benutzt, wenn die Aussage des Nebensatzes eine feststehende Tatsache ist, während **te** gebraucht wird, wenn der Aussage des Nebensatzes eine gewisse Unsicherheit innewohnt.

Žanáv ke xoxadán ma.
weiß(-ich) dass betrogst ich-4
Ich weiß, dass du mich betrogen hast.

Te kamésa, šaj te pes káfa aménca.
wenn willst, können dass trinkst Kaffee(w) wir-7
Wenn du willst, kannst du mit uns Kaffee trinken.

Kamáv t' avés baxtaló/baxtalí.
will(-ich) dass'seist glücklich(m/w)
Ich will, dass du (Mann/Frau) glücklich wirst.

Te *am Satzanfang bedeutet auch „wenn/falls". Danach steht oft die Form der Gegenwart auf* **-a** *(es wird an die Gegenwartsform einfach ein* **-a** *angehängt).*

Verhältniswörter

Verhältniswörter werden im Romani entweder durch den Fall, in dem das Hauptwort steht, ausgedrückt oder wie im Deutschen vorangestellt. Sie verlangen dann teilweise auch einen bestimmten Fall vom Wort, auf das sie sich beziehen.

(2. Fall) **-ko** [-koro], **-go** [-goro]	von, des (Besitz, wessen?)
(3. Fall) **-ke, -ge**	zu, nach (Richtung, wohin?)
(5. Fall) **-tar, -dar**	von, aus (Herkunft, woher?, von wem?)
(6. Fall) **-te, -de**	in, bei (Ort, wo?)
(7. Fall) **-sa, -ca**	mit (Instrument, womit?, mit wem?)

Man kann es natürlich auch anders betrachten und feststellen, dass die Beugungsendungen letztendlich nur an das (im 4. Fall) gebeugte Hauptwort angehängte Verhältniswörter sind (vgl. Kapitel „Beugung").

roméske
Junge-3
dem Mann

muré [me] **phraléndar**
meine(Mz)(g) Brüder-5
von meinen Brüdern

tje [te] **amalénca**
deine(Mz)(g) Freunde-7
mit deinen Freunden

a šukará rakljása
die(g) schön(g) Mädchen-7
mit dem schönen Mädchen

Verhältniswörter

an (ando/ande (m/w))	in (räuml./zeitl.), nach
andré	drinnen, in
ángla	vor, davor (räuml.)
anglál	vor, bevor (zeitl.)
avrál	draußen, von draußen
čačó – pe čačí rig	rechts – nach rechts
ka, ka'l, ko	um (zeitl.)
kaj	bei, in, zu
katár, ánda/ándaj (m/w)	von, aus, als
lévo – pe lévo rig	links – nach links
maškár	zwischen, in (zeitl./ örtl.)
oprál	auf, über, darüber
opré	auf, oben
pa (+ 6. Fall)	aus, über, im Bezug auf
pála, pal (+ 6. Fall)	für, hinter
palál	hinten
pálpale	zurück (a.: wieder)
pášá, paš	daneben, nebenan
pe, pa, ko, ke	auf, über, darüber
stíngo* – pe stíngo rig	links – nach links
téla	unter
telál	unter, unten
telé	nach unten
žíka	nach, bis

Ángla vudár-lo.
vor Tür-(er-)ist
Er ist vor der Tür.

Von [on] **avén telé.**
sie kommen(-sie) nach-unten
Sie kommen nach unten.

Avilém pálpale kaj muré njámura.
kam(-ich) zurück bei meine(Mz) Verwandten(Mz)
Ich bin zu meinen Verwandten zurückgekehrt.

Die persönlichen Fürwörter stehen mit Verhältniswörtern immer im 6. Fall.

pe mánde
auf ich-6
auf mir

pála túte
für du-6
für dich

téla aménde
unter wir-6
unter uns

Das Romani kann „Verhältnisse" auf verschiedenen Wegen formulieren. Die erste Variante ist das jeweils häufiger benutzte. Die zweite Möglichkeit wird in der modernen Umgangssprache der meisten Dialekte kaum noch verwendet.

an o (ándo) kher
in der (in(m)) Haus
im Haus

e kheréste
der(g) Haus-6
im Haus

an e (ánde) kučí
in die (in(w)) Tasse
in der Tasse

a kučjáte
die(g) Tasse-6
in der Tasse

katár o gav
aus der Dorf
aus dem Dorf

e gavéstar
der(g) Dorf-6
aus dem Dorf

ándaj céra*
aus(w) Zelt(w)
aus dem Zelt

a cérjátar
die(g) Zelt-6
aus dem Zelt

Bešav ándo kher.
wohne in-der Haus
Ich wohne im Haus.

Žav ándo kher.
gehe nach-der Haus
Ich gehe in das Haus.

Die Verhältniswörter **án(d)o/án(d)e** *können sowohl „in" als auch „nach" bedeuten. „In" kann entweder durch* **an** *mit dem dazugehörigen Artikel oder durch* **ándo** *bzw.* **ánde** *(m/w) ausgedrückt werden. Beachten Sie, dass es jeweils eine männliche und weibliche Form gibt!*

andré	drinnen, in
andrál	von innen
kher	Haus
kherál	vom Haus, aus dem Haus, von zu Hause
kheré	zu Hause, nach Hause
kathé	hier
kathár	von hier
kothé	dort
kothár	von dort
maškár	zwischen, in
maškaré	in der Mitte
maškarál	aus der Mitte

Bei einigen Wortern kann man die Endungen **-ál** *und / oder* **-é** *anfügen, um Richtungen anzuzeigen.*

Fragen

Wie im Deutschen unterscheidet man im Romani zwischen Entscheidungs- und Satzfragen.

Entscheidungsfragen

Um Entscheidungsfragen zu stellen, hebt man am Ende eines normalen Aussagesatzes leicht fragend die Stimme an. Auf Entscheidungsfragen kann man nur mit „ja“, „nein“ oder „vielleicht“ antworten. Oft stellt man die persönlichen Fürwörter ans Satzende, um deutlich zu machen, dass es sich um eine Frage handelt.

Eine mit **si** *(ist) gestellte Frage kann man auch, wenn es passt, im Deutschen mit „gibt es ...?“ übersetzen.*

Nasvaló/nasvalí san [sjan].
krank(m/w) bist
Du bist krank.
(zum Mann/zurFrau)

Nasvaló/nasvalí san [sjan]**?**
krank(m/w) bist
Bist du krank?
(zum Mann/zurFrau)

Bokhájlan?
hungrig-wurdest
Hast du Hunger?

Si tu phral?
ist du-4 Bruder
Hast du einen Bruder?

Dikhlán a phurá dejá?
sahst die(g) alte(g) Mutter-4
Hast du die alte Mutter gesehen?

Dikhlán la aratjí [idž]**?**
sahst sie-4 gestern
Hast du sie gestern gesehen?

Satzfragen

Satzfragen werden mit Fragewörtern gebildet und verlangen einen vollständigen Satz als Antwort.

So kamés [mangés] **te xas?**
was willst [bittest] dass isst
Was möchtest du essen?

Savó gad kamés?
welcher Hemd willst
Welches Hemd willst du?

kon?	wer?
so?	was?
kána? [ked?]	wann?
sóstar?, sóske?, sóste	warum?
sar?	wie?
kaj?	wo?
kaj?, karíng?	wohin?
katár?	woher?
kástar?	von wem?
ketjí?, sóde?*, kazóm? [kabór?]	wie viel?, wie viele?
savó? (m), **saví?** (w), **savé?** (Mz)	welcher/-e?

Kaj sánas tumé?
wo wart ihr
Wo wart ihr?

Kaj sjen siné tumé?
wo seid gewesen ihr
Wo seid ihr gewesen?

Kaj si?
wo ist
Wo ist es?

Kaj si voj [oj]**?**
wo ist sie
Wo ist sie?

Kaj-lo?*
wo-(er-)ist
Wo ist er?

Kaj-la?*
wo-(sie-)ist
Wo ist sie?

Kaj žas?
wohin gehst
Wohin gehst du?

Ketjí kerél?
wieviel macht(-es)
Wie viel kostet das?

Sóske kerés kodó?
warum machst jener
Warum tust du das?

Kon san [sjan]**?**
wer bist
Wer bist du?

Kána [ked] **kam avél?**
wann ZUK kommt(-er/-sie)
Wann wird er/sie kommen?

Sar san?
wie bist
Wie geht's dir?

Die beiden Fragewörter **kon** (wer) und **so** (was) können wie Hauptwörter behandelt werden, allerdings sind sie unregelmäßig (s. nächste Tabelle).

1. Fall	**kon**	wer?	**so**	was?
2. Fall	**kásko**	wessen?	**sósko**	was für ein?
3. Fall	**káske**	wem?	**sóske**	warum?
4. Fall	**kas**	wen?	**so**	was?
5. Fall	**kástar**	von wem?	**sóstar**	warum?, woraus?
6. Fall	**káste**	bei, zu wem?	**sóste**	warum?
7. Fall	**kása**	mit wem?	**sósa**	womit?

Relativsätze

Mit einigen Fragewörtern, die sich wie Bindewörter verhalten, werden Relativsätze gebildet.

Voj [oj] phenél a rakljáke so ka kerás.
sie sagt die(g) Mädchen-3 was ZUK machen(-wir)
Sie sagt dem Mädchen, was wir machen werden.

Phenáv túke kaj-la.
sage(-ich) du-3 wo-(sie-)ist
Ich sage dir wo sie ist.

Rudjív [molináv] tu te phenés mánge kaj si o Drágo.
bitte(-ich) [bitte(-ich)] du-4 dass sagst(-du) ich-3 wo ist der Drago
Ich bitte dich, mir zu sagen, wo Drago ist.

Des tu godží so pilám?
gibst du Erinnerung(w) was tranken(-wir)
Erinnerst du dich, was wir getrunken haben?

Auffordern & Befehlen

Die Befehlsform des Romani bereitet dem Lernenden kein weiteres Kopfzerbrechen. Für die Aufforderung an eine Person verwendet man das Verb ohne die Grundformendung **-el**/**-il**/**-ol**/**-ul,** also den reinen Verbstamm.

In der Wort-für-Wort Übersetzung wird die Befehlsform durch ein Ausrufezeichen (!) gekennzeichnet.

Ker!	**Dikh!**	**Pučh!**
mach!	*sieh!*	*frag!*
Mach!	Sieh!	Frag!

Bei Verben der A-Gruppe bleibt das **-a-** der Grundformendung erhalten. Bei Verben der E-Gruppe, deren Stamm nur aus einem Mitlaut besteht, wird an diesen ein **-e** angehängt.

Xa!	**Asá!**	**De!**	**Le!**
iss!	*lach!*	*gib!*	*nimm!*
Iss!	Lach!	Gib!	Nimm!

Die Befehlsform Mehrzahl ist mit der 2. und 3. Person Mehrzahl der Gegenwart identisch. In der Wort-für-Wort-Übersetzung wird diese auch mit einem Ausrufezeichen markiert.

Kerén!	**Pučhén!**	**Xan!**	**Avén!**
macht!	*fragt!*	*esst!*	*kommt!*
Macht!	Fragt!	Esst!	Kommt!

Die Befehlsform der entlehnten Verben wird immer ausgehend von ihrer Langform gebildet.

Ramosarén!*	**Ažutisár mánge!***
schreibt!	*hilf! ich-3*
Schreibt!	Hilf mir!

Verneinung

Alle Verben werden in der Gegenwart, Vergangenheit und Zukunft durch vorangestelltes **či** (Vlach-Dialekte) bzw. **na** (Balkan-Dialekte) verneint. Nur das Verb **si** [isi] (sein) kennt für die 3. Person Ein- und Mehrzahl ein eigenes Verneinungswort.

„Nein" heißt im Romani immer **na,** in den Vlach-Dialekten auch oft **níči*.**

Auch wenn im Deutschen das Hauptwort verneint wird (durch „kein/-e") wird im Romani das Verb verneint.

Vo [ov] **si barvaló.**
er ist reich
Er ist reich.

Vo naj barvaló.*
Ov nané barvaló.
er nicht-ist reich
Er ist nicht reich.

Me sim [sjum] **Rom.**
ich bin Rom
Ich bin Rom.

Me či sim [na sjum] **Rom.**
ich nicht bin [nicht bin] Rom
Ich bin kein Rom.

naj [nané]	er/sie ist nicht, sie sind nicht
nas [na siné]	er/sie war nicht, sie waren nicht

Si ma lové.
ist ich-4 Gelder
Ich habe Geld.

Naj [nané] **ma lové.**
nicht-ist ich-3 Gelder
Ich habe kein Geld.

Naj [nané] **amé lové.**
nicht-ist wir-3 Gelder
Wir haben kein Geld.

Či [na] **žanáv so si túke.**
nicht weiß(-ich) was ist du-3
Ich weiß nicht, was du hast.

Či dikhlém tu.* [Na dikhlúm tu.]
nicht sah(-ich) du-4
Ich habe dich nicht gesehen.

verneinte unbestimmte Fürwörter

khánči* [ništo]	nichts
khónik* [níko]	niemand
šóha*, níkad	nie

Das verneinte unbestimmte Fürwort wird dem Verb nachgestellt, das Verb aber außerdem verneint.

Či kerén khánči.* [Na kerén ništo].
nicht macht nichts
Ihr macht nichts.

Nas les šóha lové.* [Na siné le níkad lové.]
nicht-war [nicht war] er-4 nie Gelder
Er hatte nie Geld.

Na [ma] **ker!**
nicht mach!
Mach nicht!

Na [ma] **dará!**
nicht Angst-hab!
Hab keine Angst!

Naští te aváv.
nicht-können dass komme(-ich)
Ich kann nicht kommen.

Naští te kerés khánči [ništo].
nicht-können dass machst nichts
Da kannst du nichts machen.

Die Befehlsform wird durch **na** *in den Vlach-Dialekten und* **ma** *in den Balkan-Dialekten verneint. Formulierungen mit* **šaj te** *(können) werden durch dessen verneinte Form* **naští te** *(nicht können) verneint.*

Zahlen & Zählen

Die Zahlen des Romani sind für Sprachwissenschaftler eine wahre Offenbarung, denn hier mischen sich altindische und griechische Einflüsse mit slawischen und rumänischen Bildungsmustern. Grammatikalische Tücken gibt es jedoch nicht.

0	**zéro, núla**	10	**deš**	*zehn*
1	**jek**	11	**deš-u-jék**	*zehn-und-eins*
2	**duj**	12	**deš-u-dúj**	*zehn-und-zwei*
3	**trin**	13	**deš-u-trín**	*zehn-und-drei*
4	**štar**	14	**deš-u-štár**	*zehn-und-vier*
5	**panž**	15	**deš-u-pánž**	*zehn-und-fünf*
6	**šov**	16	**deš-u-šóv**	*zehn-und-sechs*
7	**eftá**	17	**deš-(u)-eftá**	*zehn-und-sieben*
8	**oxtó**	18	**deš-(u)-oxtó**	*zehn-und-acht*
9	**injá**	19	**deš-(u)-injá**	*zehn-und-neun*

Von 11 bis 19 wird **deš** *(zehn) durch* **-u-**, *das hier „und" bedeutet, mit den Einern verbunden. Die Bindestriche sind hier nur eine Hilfskonstruktion und dienen dem besseren Verständnis.*

20 und 30 haben ein eigenes Zahlwort, von 40 bis 90 setzen sie sich jedoch nach dem Muster „Einer mal zehn“ zusammen. Bitte beachten Sie: Für 40 und 50 gibt es in den Balkan-Dialekten auch ein eigenes Zahlwort.

20 biš	**60 šóv-var-deš**
30 trjandá	**70 eftá-var-deš**
40 štár-var-deš [saránda] *vier-mal-zehn [vierzig]*	**80 oxtó-var-deš** *acht-mal-zehn*
50 pánž-var-deš [pínda] *fünf-mal-zehn [fünfzig]*	**90 injá-var-deš** *neun-mal-zehn*

Zusammengesetzte Zehnerzahlen setzt man zusammen aus Zehner plus **-taj-** (und) plus Einer. In den Balkan-Dialekten wird der Einer mit -u- statt mit **-taj-** angebunden. Die Reihenfolge ist also genau andersherum als im Deutschen.

21 biš-taj-jék *zwanzig-und-eins*	biš-u-jék *zwanzig-und-eins*
32 trjanda-taj-dúj *dreißig-und-eins*	trjand-u-dúj *dreißig-und-eins*
43 štar-var-deš-taj-trín *vier-mal-zehn-und drei*	sarand-u-trín *vierzig-und-drei*
65 šov-var-deš-taj-pánž *sechs-mal-zehn-u. fünf*	šov-var-deš-u-pánž *sechs-mal-zehn-und fünf*

Die Hunderter sind ab 200 aus dem Einer und der Endung **-šela** [-šel] zusammengesetzt.

100 šel, jekšél *hundert, eins-hundert*	**600 šovšelá** [šóvšel] *sechs-hundert*
200 dujšelá [dújšel] *zwei-hundert*	**700 eftašelá** [eftášel] *sieben-hundert*
300 trinšelá [trínšel] *drei-hundert*	**800 oxtošelá** [oxtóšel] *acht-hundert*
400 štaršelá [štáršel]	**900 injašelá** [injášel]
500 panžšelá [pánžšel]	

Die Tausender sind ab 2000 aus dem Einer und **mijí** |hiljáde| zusammengesetzt und Zahlen ab 2 Millionen aus dem Einer und **miljónura** oder **milivója.**

1000 míja |híljada|	*tausend*
2000 duj míji |duj hiljáde|	*zwei tausende*
3000 trin míji |trin hiljáde|	*drei tausende*
1 Mio. jek milivóno	*eins Million*
2 Mio. duj miljónura, duj milivója	*zwei Millionen*

Und damit können große Zahlen echtes Kopfzerbrechen bereiten ...

... ein Grund, warum viele Roma selber oft die Zahlen der Amtssprachen der Länder, in denen sie leben, verwenden. Das gilt vor allem im Umgang mit Geld in Ländern mit hoher Inflationsrate, in denen man grundsätzlich mit hohen Summen zu tun hat.

panž míji jekšél trjanda-taj-dúj*
|panž hiljáde jekšél trjanda-u-dúj|
fünf tausende eins-hundert dreißig-und-zwei
fünftausendeinhundertzweiunddreißig (5132)

inja-var-deš-taj-dúj míji panžšelá oxto-var-deš-taj-štár*
|inja-var-deš u-dúj hiljáde pánžšel oxto-var-deš-u-štár|
neun-mal-zehn-und-zwei tausende fünf-hundert acht-mal-zehn-und-vier
92.584

Aljaráv e númerur núma romanés!
|Razumináv o númerja sáde romanés!|
verstehe(-ich) die Nummern(-4) nur Romani-4
Ich verstehe die Zahlen nur auf Romani!

zählen

Trobún ma oxtó-var-deš míji léi!
brauchen(-sie) ich-4 acht-mal-zehn tausende Lei
Ich brauche 80.000 Lei! *(rumän. Währung)*

Si ma štar čhavé.
ist ich-4 vier Söhne
Ich habe vier Söhne.

Beim Zählen stehen die zu zählenden Dinge wie im Deutschen hinter dem Zahlwort. Das Verb „zählen" heißt auf Romani **ginél**.

Ordnungszahlen

Die Ordnungszahlen 1.-10. werden wie unveränderliche Eigenschaftswörter gehandhabt, enden meist auf **-to** und werden dem dazugehörigen Hauptwort vorangestellt. Sie sind nur leicht unregelmäßig, generell aber aus Einer plus **-to** zusammengesetzt.

Bitte beachten Sie: Zahlen und Ordnungszahlen kann man nicht beugen!

anglunó [prvo]	erster	**šóvto**	sechster
dújto	zweiter	**eftáto**	siebter
tríto	dritter	**oxtóto**	achter
štárto	vierter	**injáto**	neunter
pándžto	fünfter	**dešto**	zehnter

o dújto phral
der zweite Bruder
der zweite Bruder

e štárto gilí
die vierte Lied(w)
das vierte Lied

Uhrzeit, Zeit & Datum

Ketjí čásura si akaná? ist die übliche Phrase, um nach der Uhrzeit zu fragen. Die Antwort darauf ist nicht besonders kompliziert. Um ganze Stunden zu beschreiben, werden die Grundzahlen benützt. Um „halb" oder „zwanzig Minuten" etc. auszudrücken, verwendet man ein **žíka** (bis) bzw. **taj** (und) oder **pála** (nach).

Uhrzeit

vrjáma (w), vákti	Uhrzeit
čáso, čásura (Mz), saháti, sahátja (Mz)	Stunde
minúto, minúci (Mz), a.: **minútur** (Mz)	Minute
sekúnda (w)	Sekunde

Ketjí čásura si akaná?* [Kozóm o saháti si akaná?]
wieviel Stunden sind jetzt
Wie spät ist es jetzt?

Jek čáso si.
eins Stunde ist
Es ist ein Uhr.

Duj čásura si.
zwei Stunden sind
Es ist zwei Uhr.

Akaná si deš čásura!
jetzt sind zehn Stunden
Es ist jetzt zehn Uhr.

Dopáš žíka panž si.
halb bis fünf ist
Es ist halb fünf.

Akaná si deš-u-pánž minúci žíka injá detharináko.
jetzt sind zehn-und-fünf Minuten bis neun morgens
Es ist Viertel vor neun morgens.

Deš-u-pánž minúci pála šov ánglaj rjat!
zehn-und-fünf Minuten nach sechs vor-die Nacht(w)
Es ist Viertel nach sechs abends.

Panž čásura taj deš minúci pála mizméri si.
fünf Stunden und zehn Minuten nach Mittag sind
Es ist zehn nach fünf nachmittags.

Es ist üblich, nur die Zahlen von 1 bis 12 zu benutzen und jeweils die Tageszeit („morgens", „nachmittags" etc.) hinzuzufügen. In einigen Balkan-Dialekten – jedoch nicht in allen – wird das Wort für „Stunde" **čáso** *durch* **saháti** *ersetzt.*

šov čásura taj biš minúci *sechs Stunden und zwanzig Minuten*	6 Uhr 20
biš minúci pála šov *zwanzig Minuten nach sechs*	6 Uhr 20
biš minúci žíka eftá *zwanzig Minuten bis sieben*	6 Uhr 40
šov čásura taj štár-var-deš minúci *sechs Stunden und vier-mal-zehn Minuten*	6 Uhr 40

Zeitpunkt

Es gibt drei Möglichkeiten, einen Zeitpunkt („um ...") auszudrücken. Der Unterschied zwischen den beiden Vlach-Varianten ist regional und dialektbedingt.

Ka'l sóde [ko kozóm] **čásura kam avés?**
um'die wieviel Stunden ZUK kommst
Um wie viel Uhr kommst du?

	Vlach-Dialekte		Balkan-Dialekte
um 1 Uhr	**jekésko**	**ka jek čáso**	ko jek o saháti
um 2 Uhr	**dujéngo**	**ka'l duj čásura**	ko duj o saháti
um 3 Uhr	**trinéngo**	**ka'l trin čásura**	ko trin o saháti
um 9 Uhr	**injángo**	**ka'l injá čásura**	ko injá o saháti
um 10 Uhr	**dešéngo**	**ka'l deš čásura**	ko deš o saháti

Si tu kána? — *ist du-4 wann* — Hast du Zeit?

Naj ma but vrjáma.* [Nané ma but vréme.] — *nicht-ist ich-4 viel Zeit* — Ich habe nicht viel Zeit.

allgemeine Zeitangaben

Roma nehmen es mit der Pünktlichkeit nicht immer so genau. Man lebt für den Moment und wenn dieser gerade besonders lebenswert ist, muss der darauffolgende Termin eben etwas warten.

djes*, divés	Tag
sváko djes/djesésko*, sváko divés	jeden Tag, täglich
kurkó	Woche
čhon, másek	Monat
berš	Jahr
adjés*, adivés	heute
aratjí, idž, aratí	gestern
tehára, thára, tajsá, javín	morgen
averaratjí, averídž, odolé diveséste	vorgestern
overtehára, totajsá	übermorgen

Wochentage

kurkó	Sonntag
lúja*, a.: **ponedelníko**	Montag
márci*, a.: **utorníko**	Dienstag
tetrádži	Mittwoch
žója*, a.: **četvorníko**	Donnerstag
paraštují	Freitag
sávato	Samstag
kurké	am Sonntag
lujiné*, a.: **ponedelnikoné**	am Montag
marciné*, a.: **utornikoné**	am Dienstag
tetradžiné	am Mittwoch
žojiné*, a.: **četvornikoné**	am Donnerstag
paraštuné	am Freitag
savatoné	am Samstag

E sláva trajíl jek kurkó.
die Fest(w) lebt(-sie) eins Woche
Das Fest dauert eine Woche.

Monate

januáro	Januar	**júli**	Juli
februáro	Februar	**avgústo**	August
márto	März	**septémbro**	September
aprílo	April	**októmbro**	Oktober
májo	Mai	**novémbro**	November
júni	Juni	**decémbro**	Dezember

Die Monatsnamen sind in den Dialektgruppen in den verschiedensten Varianten anzutreffen. So ist es etwa für den Monat April möglich zu sagen: **aprilúši, apríli** *oder* **aprílo.** *Die nebenstehenden Formen werden jedoch von allen Gruppen verstanden. Um das Datum zu beschreiben, braucht man die Ordnungszahlen.*

Savó datúmo si adjés [adivés]**?**
welcher Datum ist heute
Was ist das heutige Datum?

Adjés [adivés] **si o deš-u-pánžto májo.**
heute ist der zehn-und-fünfte Mai
Heute ist der 15. Mai.

Adjés [adivés] **si o biš-taj-jékto aprílo.**
heute ist der zwanzig-und-erste April
Heute ist der 21. April.

Kána si tjo biandimásko djes [divés]**?**
wann ist dein Geburtstag-2 Tag
Wann hast du Geburtstag?

Jahreszeiten

e beršéske vrámi	Jahreszeiten
primovára (w), **tavási***, **prólet**	Frühling
miláj, niláj	Sommer
tómna* (w), **ésen**	Herbst
ivénd	Winter
pe primovára*, **ko prólet**	im Frühling
milajé, po niláj	im Sommer
tomnáko*, **ko ésen**	im Herbst
ivendé	im Winter

Kurz-Knigge

Für Gadsche (Nicht-Roma) ist es grundsätzlich nicht einfach, in die „Roma-Welt" einzutauchen. Roma wurden meist und fast überall unterdrückt und benachteiligt, und es ist ihnen bis heute in vielerlei Hinsicht unmöglich, ein gleichberechtigtes Leben zu führen. Die Gesellschaft der Gadsche ist für viele Roma gleichbedeutend mit Diskriminierung und Ablehnung gegenüber ihrer eigenen Volksgruppe. Aus diesem Grund ist es für den Interessierten in erster Linie wichtig, Vetrauen aufzubauen. Sich immer 100%ig richtig zu verhalten, ist praktisch unmöglich, dennoch sollte man als Gadscho grundsätzlich Verständnis und Toleranz, aber auch Interesse mitbringen und dem fremden Umfeld ohne Vorurteile begegnen. Kritik an den Menschen und ihren oftmals exotischen Bräuchen oder an der Armut wäre nicht passend.

Sie sind als Besucher nicht nur ein Individuum, sondern Sie repräsentieren die Gadsche allgemein. Seien Sie sich im Klaren darüber, dass es in Ihrer Hand liegt, ein anderes Bild zu prägen. Um so wichtiger ist seriöses Auftreten!

Bei den Roma wird sehr genau zwischen ihrer eigenen „Welt" und der der Gadsche unterschieden. Man sieht sich als Einheit und versucht, an den eigenen Traditionen und Bräuchen festzuhalten und sich nicht zu sehr von den Gepflogenheiten der Gadsche beinflussen zu lassen. Die Gesamtheit der Regeln und Gebräuche (**o romanipé**) unterscheidet sich oft grundlegend von den unsrigen, dennoch muss gesagt werden, dass es keine einheitlichen Regeln zu den Gewohnheiten in der „Roma-Welt“ gibt. So sind einige wichtige Verhaltensregeln für eine Gruppe in einer anderen komplett anders. Im Folgenden einige grundsätzliche Regeln, wie man als Gadscho in der Roma-Welt Fettnäpfchen vermeiden kann.

Kleidung

Roma schütteln innerlich den Kopf darüber, wenn die reichen Gadsche ärmliche Kleidung tragen, und sie werden einen solchen Besucher vielleicht nicht für „ganz voll” nehmen.

Allgemein ist es gerne gesehen, wenn Männer „männlich” und Frauen „weiblich“ aussehen, d. h. wenn sie einigermaßen klassisch gekleidet sind und natürlich nicht ungepflegt oder verwahrlost wirken. Wer ernst genommen werden will, dem empfehlen wir seriöse Kleidung. Als Frau ist es unbedingt notwendig, die Beine bis über das Knie zu bedecken, bei manchen Gruppen ist das Bein der Frau sogar bis zum Knöchel eine Tabuzone. Bei den meisten traditionellen Roma-Gruppen (z. B. Kalderasch oder Lovara) ist es auch unüblich, dass Frauen Hosen tragen, sie sind ausnahmslos den Männern vorbehalten. Allerdings wird dies vor allem bei Jugendlichen nicht mehr so streng gehandhabt und auch bei Besucherinnen ist es nicht unbedingt ein absolutes Muss. Anders dagegen sollte das Dekolleté und die Schultern bei Frauen stets bedeckt sein, ein BH ist außerdem immer zu tragen. Außerhalb der großen Städte sind die Menschen noch mehr den gesellschaftlichen

Regeln verhaftet, Kleidungsvorschriften sollten hier auf jeden Fall eingehalten werden.

Armut

Natürlich sollte man sich im Klaren darüber sein, dass viele Roma Südosteuropas nach wie vor in großer Armut leben und jeder Gadscho, umso mehr wenn er aus Westeuropa kommt, als unverhältnismäßig reich gilt. Benehmen Sie sich dementsprechend – natürlich ohne dabei protzig oder überheblich zu gelten. Sich nicht übers Ohr hauen zu lassen ist eine Sache, um Cent-Beträge zu streiten, eine andere! Übrigens: Wie bei vielen Völkern der Welt gilt auch bei den Roma, dass die Ärmsten meist die Großzügigsten sind.

Mann/Frau

Die Rolle von Mann und Frau ist bei den Roma sehr klar definiert, denn auf ihren Reisen war eine eindeutig strukturierte Rollenverteilung samt der dadurch entstehenden Hierarchie förderlich für das Zusammenleben der Gruppe. Rufe nach Gleichberechtigung im feministischen Sinne gibt es bis heute nur sehr spärlich. Grundsätzlich gilt, dass die Roma-Gesellschaft klar zwischen der Rolle von Männern und Frauen trennt und Kontakte zwischen den beiden Geschlechtern fast ausschließlich (mal abgesehen vom Verkauf von Waren) im Rahmen der Familie stattfinden. Als Besucher sollte man Personen anderen Geschlechts unbedingt auf dezente und zurückhaltende Weise begegnen und nicht berühren. Westliche Paare sollten in der Öffentlichkeit auf jede offenzügige Art von Zärtlichkeit (vom Händchenhalten angefangen) verzichten. Zusätzlich ist es sicher nicht ver-

Wenn Sie beispielsweise fremde Roma nach etwas fragen, wenden Sie sich immer an Personen gleichen Geschlechts. Ein Mann, der nicht zur Familie gehört, sollte sich außerdem nie einem geschlechtsreifen Mädchen zu sehr nähern oder sich gar mit einer Frau alleine in einem geschlossenen Raum aufhalten.

kehrt, sich als Ehepaar auszugeben, auch wenn das gar nicht stimmt, denn voreheliche Beziehungen finden in der Roma-Welt kein Verständnis. Auch ist es immer noch üblich, dass unverheiratete Mädchen nur in Begleitung eines Familienmitglieds in der Öffentlichkeit auftreten.

Unreinheit Vor allem in der konservativen Roma-Welt der Vlach-Gruppen spielt Unreinheit (**o mahrimós**) eine große Rolle. Frauen gelten von der Taille abwärts als unrein. Das bedeutet, dass sie beispielweise nicht über Essen, Geschirr oder Werkzeuge steigen dürfen (diese werden damit nämlich **mahrimé,** also „unrein"). Die Geburt gilt ebenso als unrein, und frische Mütter dürfen bis zu vier Wochen nach der Geburt weder kochen noch jemandem die Hand geben.

Wer den vorliegenden Band genauer „studiert", wird einen gewissen Einblick in das Leben und die Traditionen der Roma erhalten. Nicht selten mag der Leser den Eindruck bekommen, dass die Menschen eine kolossale Lebensfreude besitzen, und das ist vollkommen richtig. Dennoch möchten wir nochmals darauf hinweisen, dass sich an der grundsätzlichen Situation der Roma auch in den letzten Jahren wenig verändert hat. Diskriminierung und Bevormundung von Seiten der Gadsche sind nach wie vor an der Tagesordnung (siehe Bosnien, Kosovo, Slowakei etc.) und das Thema der Verfolgung ist bei weitem noch nicht abgeschlossen.

Die Roma-Gesellschaft

Die Roma-Gesellschaft ist klar strukturiert. Man unterscheidet ganz deutlich zwischen Familienmitgliedern, Sippenangehörigen, anderen Roma und den Gadsche. Innerhalb dieser Struktur hat jeder seine Position und verhält sich entsprechend – mal abgesehen von den Gadsche. Diese traditionelle Struktur, der eine Art Ehrenkodex zugrunde liegt, regelt das gesamte Zusammenleben der Gruppe. Probleme werden innerhalb der Familie geregelt, und sollte es wirklich mal zu größeren Streitigkeiten kommen, wird eine Art Gemeinschaftsrat zur Hilfe gezogen. Diesen Rat (**e kris**) – fälschlicherweise auch als „Zigeunertribunal" bezeichnet – gibt es in fast jeder größeren traditionellen Roma-Gruppe. Er regelt und löst Schwierigkeiten, die die Gemeinschaft betreffen, wie Hochzeits-, Geld- und Ehrfragen (auch bezügl. des persönlichen Ansehens, denn Verleumdung ist bei den Roma ein schlimmes Vergehen). Die **kris** ist selten nur ein Altenrat, sondern setzt sich auch aus oft sehr jungen bewährten Mitgliedern der Roma-Sozietät zusammen. Erst wenn ein Rom einen Streit mit seinem Gegenüber nicht beilegen kann, wendet er sich an die **kris** als übergeordnete Instanz, welche das letzte Wort zu sprechen hat. Die Entscheidungen der **kris** sind übrigens meist ausgleichend. Nach Möglichkeit soll durch das Urteil niemand sein Gesicht verlieren. Gibt es mal keine Beweise, die zu einer eindeutigen Lösung führen, muss der Angeklagte auf seine Unschuld schwören, sonst glaubt man ihm nicht.

Rom	Mann, Rom
Romní	Frau, Romni
romanipé, romanšágo*,	Romatum, „Zigeunertum“
kumpánija* (w)	Wirtschafts-gemeinschaft
šerutnó Rom, birévo*	Chef eines Clans
kris* (w)	Rat der Roma
krisitóri*	Mitglied einer Kris
gažó	Gadscho, „Nicht-zigeuner“
rakló	Junge (Gadscho)
raklí (w)	Mädchen (Gadschi)

Begrüßen & Verabschieden

Die Begrüßungsrituale sind in den jeweiligen Roma-Gruppen sehr unterschiedlich. Alle Roma legen viel Wert auf gute Erziehung. Daher sind respektvolle Umgangsformen, vor allem gegenüber Älteren, unbedingt notwendig. Weiterhin sollte man beachten, einer Roma-Frau generell nicht die Hand zu geben, es sei denn, die Frau reicht selbst die Hand. Hierbei ist immer zu beachten: Da die Verhaltensweisen in der Roma-Gesellschaft stark variieren, sollte man beobachten, wie die Einheimischen es handhaben.

Als allgemeine Regel mag gelten: Ein Mann tritt vor allem mit einem Mann in Kontakt, eine Frau mit einer Frau. Das gilt auch für die Sitzordnung, sofern die Plätze nicht zugewiesen werden.

begrüßen

Grundsätzlich sind die Grüße nicht immer auf Romani, denn oftmals, vor allem bei Jugendlichen, begrüßt man sich in der jeweiligen Landessprache (also in Rumänien mit salút!, in Bulgarien mit zdravéj!, in Ungarn mit szérvusz!, in Makedonien und Serbien mit zdrávo! usw.) entsprechend unserem „Hallo", „Grüß dich", „Tschüss", „Ciao" etc.

Als wichtigster Gruß für alle Roma-Gruppen jedoch gilt auf Romani:

T' avés sastó taj baxtaló! (zu einem Mann)
dass' seist gesund und glücklich

T' avés sastí taj baxtalí! (zu einer Frau)
dass' seist gesund(w) und glücklich(w)

T' avén sasté taj baxtalé! (zu mehreren Pers.)
dass' seid gesund(Mz) und glücklich(Mz)

Alle diese Formeln entsprechen unserem „Guten Morgen/Tag" und „Guten Abend", und man verwendet sie entweder, wenn man jemanden nicht kennt oder einen Bekannten längere Zeit nicht gesehen hat.

Aus Gründen der Übersichtlichkeit werden nun nicht mehr die grammatikalischen Unterschiede der Balkan-Dialekte angegeben. Markiert werden nur noch Wörter und Ausdrücke, die komplett anders als in den Vlach-Mundarten sind. Wer sich mit den Balkan-Dialekten beschäftigt, sollte die Unterschiede in Bezug auf die Verneinung, die besitzanzeigenden/hinweisenden Fürwörter sowie die Langform der Verben beachten.

Die Antwort darauf lautet immer:

T' avés ví tu!* [Tú-da!] *(zu einer Person)*
dass' seist auch du [du-auch]

T' avén ví tumé!* [Tumén-da!] *(zu Mehreren)*
dass' seid auch ihr [ihr-auch]

Das wörtliche „Guten Tag" kann man ab und zu hören, dennoch ist es weit weniger gebräuchlich und eher aus anderen Sprachen übernommen.

Lačhó djes [díves]**!**	**Drobój tu!***	**Drobój tumé!***
gut Tag	*sollst-leben du*	*sollt-leben ihr*
Guten Tag!	Sei gegrüßt!	Seid gegrüßt!

Bei den moslemischen Roma in der Türkei und am südlichen Balkan ist es am einfachsten, mit **mérhaba** zu grüßen (zu verwenden für „Guten Morgen", „Guten Tag", aber auch für „Guten Abend"). Auch die Antwort lautet immer **mérhaba**. Vor allem unter frommen Moslems hört man auch des Öfteren die religiöse Floskel **selám aléjküm** (Friede sei mit dir/euch). Die Anwort hierauf heißt immer **aléjküm selám**.

Wenn man sich das erste Mal trifft, kann man eine der folgenden Floskeln anwenden:

Drágo mánge te pindžaráv tu!	**Drágo mánge!**
lieb ich-3 dass kennenlerne du-4	*lieb ich-5*
Ich bin froh, deine Bekanntschaft zu machen!	Sehr erfreut!

Einen Bekannten, den man immer wieder sieht, begrüßt man meist:

Sar san (tumé)?
wie bist/seid (ihr)
Wie geht es (euch)?

So kerés?/So kerén?
was machst/was macht(-ihr)
Und wie läuft es so?

Sar žal e butjí?*
wie geht die Arbeit(w)
Wie geht's?

Sar žála i butí?
wie geht die Arbeit(w)
Wie geht's?

(But) mištó!
(Sehr) gut!

Lačhés!*
Gut!

Šukár!
Gut!

*In vielen Dialekten der Balkan-Gruppe benützt man für das Wort „gut" **šukár** (schön). Will man hingegen explizit ausdrücken, dass etwas „schön" ist, verwendet man eher **šužó** (hübsch, schön, sauber).*

Mištó sim!*
gut(U) bin
Mir geht es gut!

Šukár sjum!
schön/gut bin
Mir geht es gut!

Žal váresar!*
geht(-es) irgendwie
Es geht so!

Žála adžár!
geht(-es) so
So so la la!

Žála ájkar!
geht(-es) so
Es geht so!

Naj bílačhes!*
nicht-ist ohne-gut(U)
Nicht schlecht!

Nane bílačhes!
nicht-ist ohne-gut(U)
Nicht schlecht

Roma werden übrigens kaum zugeben, dass es ihnen schlecht geht, da sie andere nicht mit ihren Problemen belästigen wollen und das darüber hinaus ein Zeichen von Schwäche wäre. Nur ältere Leute beklagen sich manchmal über körperliche Leiden.

verabschieden Die am häufigsten gebrauchte Verabschiedungsfloskel des Romani lautet:

Ach Devlésa!
bleib! Gott-7
Auf Wiedersehen!
(sagt der Gehende zu einer Person)

Achén Devlésa!
bleibt! Gott-7
Auf Wiedersehen!
(sagt der Gehende zu mehreren Personen)

Ža Devlésa!
geh! Gott-7
Auf Wiedersehen!
(sagt der Bleibende zu einer Person)

Žan Devlésa!
geht! Gott-7
Auf Wiedersehen!
(sagt der Bleibende zu mehreren Personen)

Devlésa!
Gott-7
Tschüss! (Mit Gott!, können beide sagen)

Ka dikhás amé!
ZUK sehen(-wir) wir-4
In etwa: Bis zum nächsten Mal!

Kána ka dikhás amé pále?
wann ZUK sehen(-wir) wir-4 wieder
Wann werden wir uns wiedersehen?

Maj lachí tji rjat!* [Lachí ti rjat!]
(mehr) gut deine Nacht(w)
Gute Nacht! (am späten Abend)

Die Antwort darauf lautet bei den Kalderasch **Sastimása!** („*Gesundheit-7*").

Namen & Anrede

Die höfliche Anrede ist auf Romani etwas differenzierter als im Deutschen. Je nach Alter des Gesprächspartners benutzt man Anredeformen, die allesamt Verwandtschaftsbeziehungen ausdrücken. Kein Wunder, denn Roma sehen ihre Volksgruppe auch als große Familie an. So sagt man ...

- zu einem Mann bzw. Jungen, der jünger oder in etwa gleichaltrig ist, **phrála** (Bruder), und zu einem etwas älteren Herrn **káko** (Onkel). Einen sehr alten Mann (also etwa ab 65) kann man auch **pápo** (Großvater) nennen.
- Zu einem sehr jungen Mädchen sagt man **mi čhej** (meine Tochter), zu einer gleichaltrigen Frau **phéne** (Schwester) und zu einer etwas älteren Frau **bibíje** (Tante).

Diese Formen auf **-a** und **-e** entsprechen dem Vokativ (Anredefall)! Es ist aber auch möglich, statt des echten Vokativs (**phrála!**) **mo phral!** (mein Bruder) und (statt **phéne!**) **mi phon!** (meine Schwester) zu sagen.

Mit den Namen halten es die Roma wie alle anderen Europäer, haben also einen Vor- und Nachnamen. In fast allen Ländern wurden sie gezwungen, sich an die örtlichen Regeln und Gesetze zu halten, und damit auch bürgerliche Namen anzunehmen.

T' avés sastó taj baxtaló, phrála!
dass' seist gesund und glücklich, Bruder
Guten Tag, Bruder!

T' avés sastí taj baxtalí, mi phén!
dass' seist gesund(w) und glücklich(w), meine Schwester
Guten Tag, Schwester!

Bitten, Danken, Wünschen

Das Wort „Bitte" im unserem Sinn gibt es auf Romani gleich in mehreren Varianten. Allerdings gibt es keine 100%ige Entsprechung, sondern vielmehr teils poetische Umschreibungen, die in ihrer Übersetzung äußerst übertrieben klingen, in der Sprache der Roma aber so verwendet werden.

Ersucht man jemanden um einen Gefallen, dann kann man das einleiten mit:

um etwas bitten

Trajíl o Del tji bax ...
lebt(-er) der Gott dein(w) Glück ...
Bitte, ...

Rudjív [molináv] tu ...
bitte(-ich) du-4 ...
Ich bitte dich, ...

Das „Bitte" variiert je nach der Person, an die sich die Bitte richtet. Übrigens: Bei der Befehlsform und einer Bitte ist stets das erste Wort betont!

Xav tjo iló/rat ...
esse(-ich) dein Herz/Blut
Bitte, ...

Čumídav tjo iló ...
küsse(-ich) dein Herz
Ich ersuche dich, ...

Av kasavó lačhó ...
sei! so gut ...
Ich ersuche dich, ...
(zu einem Mann)

Av kasavi lačhí ...
sei! so gut(w)
Ich ersuche dich, ...
(zu einer Frau)

Die Sätze mit **Trajíl o Del tji bax** *sind typisch für die Vlach-Mundarten.*

Bei der Bitte ist es außerdem meistens üblich, eine Anrede beizufügen:

Trajíl o Del tji bax, káko, síkav mánge tjo kher!
lebt(-er) der Gott dein(w), Glück, Onkel, zeig! ich-3 dein Haus
Zeig mir bitte dein Haus!

Čumídav tjo iló, phrála, ker mánge kadó lačhipé!
küsse(-ich) dein Herz, Bruder, mach! ich-3 dieser Gute
Ich bitte dich, tu mir diesen Gefallen!

Xav tjo iló mo čhávo, án-ta mánge mo taxtáj!
esse(-ich) dein Herz mein Junge, bring-! ich-3 mein Glas
Ich bitte dich, bringe mir doch mein Glas!

Das Wörtchen **-ta** *als Anhängsel an einer Befehlsform bestärkt diese zusätzlich.*

Im Gespräch mit Roma sind die Höflichkeitsfloskeln extrem wichtig. Auch gegenüber Unbekannten werden sie so gut wie immer angewendet:

Trajíl o Del tji bax, án-ta mánge jek rakíja!
lebt(-er) der Gott dein(w), Glück bring-! ich-3 eins Schnaps(w)
Bring mir bitte einen Schnaps!

Trajíl o Del tji bax, ašún ...!
lebt(-er) der Gott dein(w), Glück hör! ...
Hör doch bitte ...!

Trajíl o Del tji bax, phen...!
lebt(-er) der Gott dein(w), Glück sag! ich-3...
Sag mir doch bitte ...!

Mit einem Smartphone können Sie sich die mit einem gekennzeichneten Sätze dieses Kapitels anhören. Scannen Sie einfach den QR-Code mit Hilfe einer kostenlosen App (z. B. „Barcoo" oder „Scanlife").

bitten, anbieten

Das anbietende „Bitte sehr!" wird im Romani nicht ausgedrückt.

Av andré!
komm-! herein
(Bitte) komm herein!

Beš telé!
setz! nach-unten
Setz dich (bitte)!

danken „Danke" heißt in den Dialekten der Vlach-Gruppe **najís!** und in den Balkan-Mundarten **ov sastó!** Man gebraucht es aber weit weniger als bei uns üblich. Das liegt daran, dass diese Floskel für die Roma in vielen Situationen einfach unnötig ist, da es sich von selbst versteht, dass man für einen Gefallen dankbar ist und ihn nicht einfach als gegeben hinnimmt.

Während **najís!** *für alle Personen benützt werden kann, kennt* **ov sastó!** *eine männliche, eine weibliche sowie eine Mehrzahlform. Besonders in den Nachfolgestaaten des ehemaligen Jugoslawien kann man auch häufig den Ausdruck* **fála!** *(danke!) hören.*

Najís túke!	Dank dir!
Najís tuménge!	Dank euch!
Ov sastó! *sei! gesund*	Danke! (zu einem Mann)
Ov sastí! *sei! gesund(w)*	Danke! (zu einer Frau)
Ovén sasté! *seid! gesund(Mz)*	Danke! (zu mehreren Personen)

Als Alternative gibt es auch das Zeitwort „danken": **najisaráv** (ich danke), **najisarés** (du dankst), **najisarél** (er/sie dankt) etc. Bzw. in den Balkan-Dialekten: **palikeráv** (ich danke), **palikerés** (du dankst), **palikerél** (er/sie dankt). Allerdings ist **palikeráv** nicht bei allen Dialekten der Balkan-Gruppe bekannt. Aber Vorsicht! Für viele Roma hat das Wort „Danke" einen leicht demütigen Beiklang und wird oft als „Bezahlung" verstanden. Vorsicht also beim Gebrauch bei echten Freundschaftsdiensten. Die Antwort auf „Danke" lautet:

Naj pe sóste!*	**Nané vaš sóske!**
nicht-ist auf was-6	*nicht-ist wegen was-3*
Nicht der Rede wert!	Nicht der Rede wert!

sich entschuldigen

Jertisár!
Verzeih!

Jertisarén!
Verzeiht!

Jertisár mánge!
entschuldige! ich-3
Verzeihe mir!

Jertisarén mánge!
entschuldigt! ich-3
Verzeiht mir!

Áfi ker man / kerén amén!
Entschuldigung mach! ich-4 / macht! wir-4
Verzeih mir! / Verzeiht uns!

Will man zum Ausdruck bringen, dass einem etwas Leid tut, umschreibt man es je nach Situation mit einem der folgenden Floskeln:

Na xoljáve!*
nicht bose-sei!
Sei mir nicht böse!

Na xoljavén!*
nicht böse-seid!
Seid nicht böse!

Ma te xoljanés mánge!
nicht dass böse-bist ich-3
Sei mir nicht böse!

Má te xoljanén aménge!
nicht dass böse-seid! wir-3
Seid uns nicht böse!

Či kamlém te keráv kadó. *
[Na manglúm te keráv akavá.]
nicht wollte(-ich) dass mache(-ich) dieser
Das wollte ich nicht!

Khánči naj!* [Níšto nané!]
nichts nicht-ist
Das macht nichts! (Antwort)

Floskeln & Redewendungen

Die richtige Floskel in der entsprechenden Situation parat zu haben, ist vor allem auf Romani sehr wichtig. Umso mehr wird es bei Gadsche geschätzt und bewundert.

zustimmen/ablehnen

Mit einem Smartphone können Sie sich die mit einem ⁹ gekennzeichneten Sätze dieses Kapitels anhören.

⁹ **Va!, Óva!, Ej!***	Ja!
⁹ **Sár te na!** *wie dass nicht*	Natürlich!, Selbstverständlich!
⁹ **Lošása!, Vojása!*** *Freude(w)-7*	Gerne!
Bará vojása!* *groß(g) Freude(w)-7*	Sehr gerne!
(Baré) merakósa! *(groß(g)) Interesse-7*	(Sehr) gerne!
⁹ **Vi me sim tje gindósa!** *auch ich bin deine(g) Idee-7*	Ich bin einverstanden.
Me sjum rázi tuménca! *ich bin einverstanden du-7*	Ich bin einverstanden mit euch!
Si tu čačipé! *ist du-4 Wahrheit*	Du hast Recht!
⁹ **Ambórim!, Fájma!*, Búri!**	Vielleicht!
Te del o Del!*, Te déla o Devél! *dass gibt(-er) der Gott*	So Gott will!
Inšállah!	So Gott will!
⁹ **Na!, Níči!***	Nein!
⁹ **Či sar!** *(nicht wie)*	Auf keinen Fall!
⁹ **Či sim kóntra.** *nicht bin dagegen*	Ich bin nicht dagegen.

Der Ausruf **Inšállah!** *ist nur unter Moslems gebräuchlich.*

Devlálen!	Lieber Himmel!
Dévla!	Großer Gott!
Múro Del!!	Mein Gott!
Joj!*	Oh je!
Mámo!*	Mama!
Mámo meráv!*	Mama, ich sterbe!
Joj mámo!*	Oh Mama!
Mášallah!	Bei Gott!
Pópo!	Oh je!
Léle!	Meine Güte!

überrascht sein
Pópo! *und* **Léle!** *sind eher Ausdrücke bei (wenn auch nicht ausschließlich) unangenehmer Überraschung!* **Mášallah!** *dagegen ist ausnahmslos ein Ausdruck der positiven Überraschung!*

Joj mámo [pópo], so te keráv akaná?
je Mama, was dass mache(-ich) jetzt
Oh je, Mama, was soll ich jetzt tun?

Mášallah dikh, avilí jek šukár čhaj!
bei-Gott schau!, kam(w) eins schön Mädchen
Bei Gott, schau, was für ein schönes Mädchen gekommen ist!

Bre!	Hör mal!, He! *(zu einem Mann)*
Še!	Hör mal!, He! *(zu einer Frau)*
Mo!	Mann!, He!, Hör mal!
Éta!, Áke!	Hier ist!, Da!

Füllwörter

Te del tu o Del bax, zor taj sastipé!
dass gibt(-er) du-4 der Gott Glück, Stärke und Gesundheit
Möge Gott dir Glück, Stärke und Gesundheit bescheren!

Najís Devléske!*
danke Gott-3
Gott sei Dank!

O Del te ažutíl túke.*
der Gott dass hilft(-er) du-3
Möge Gott dir helfen.

Religiöse Floskeln
Grundsätzlich sind die Roma – egal welcher Religion – sehr gläubig. Dementsprechend viele Floskeln und Aussprüche kann man im Gespräch hören.

O Devél te kerél túke jardími!
der Gott dass macht(-er) du-3 Hilfe
Möge Gott dir helfen!

Vor allem bei Besuchen sind diese beiden Floskeln zu hören:

Devlésa rakháv tu/tumé! (*sagt der Eingeladene*)
Gott-7 finde(-ich) du-4/ihr-4
Ich finde dich/euch mit Gott vor!
(in etwa: Schön dich/euch zu sehen!)

O drágo Del andás tu/tumé! (*sagt der Gastgeber*)
der lieb Gott brachte(-er) du-4/ihr-4
Gott hat dich/euch gebracht!, Willkommen!

Ačh/ Ža Devlésa!
bleib!/geh! Gott-7
Bleib/Geh mit Gott!

O Del túsa/tuménca!
der Gott du-7/ihr-7
Gott mit dir/euch!

O Del te jertíl les!* *(über einen Verstorbenen reden)*
der Gott dass entschuldigt er-4
Gott soll ihm seine Sünden vergeben!

Schwüre

Bekräftigungen, dass ein Sachverhalt wahr ist, sind sehr oft mit den verschiedensten Schwüren verbunden! Ausdrücke und Formeln sind teils sehr verschieden, aber immer sehr phantasievoll und blumig.

Čačés!, Čačipé! *wirklich(U), Wahrheit*	Wirklich!, Tatsächlich!
O Del te marél ma, te naj čačipé! *der Gott dass schlägt ich-4, wenn nicht-ist Wahrheit*	Bei Gott, ich schwöre, dass es die Wahrheit ist!
Dikhlém kodó me jakhénca! *sah(-ich) jener meine(g) Augen-7*	Ich habe es mit meinen eigenen Augen gesehen!

Die folgenden Ausdrücke werden satzeinleitend gebraucht. Ihre direkte Übersetzung ins Deutsche mag etwas theatralisch klingen, entspricht aber durchaus der gesprochenen Umgangssprache der Roma. Dem Erfindungsreichtum im Bilden von Ausdrücken dieser Art sind keine Grenzen gesetzt!

Te meráv ... *dass sterbe(-ich) ...*	Ich will auf der Stelle tot umfallen ... (... wenn ich nicht die Wahrheit sage)
Mulés te ingrén ma ... *tot(U) dass tragen(-sie) ich-4 ...*	Auf dass sie mich tot wegtragen ...
Te praxón ma ... *dass begräbt(-er) ich-4 ...*	Man soll mich begraben ...
Te marél ma o Del ...* *dass schlägt(-er) ich-4 der Gott ...*	Gott soll mich bestrafen ...
Te merél mi bax ... *dass stirbt(-sie) meine Glück(w) ...*	Mein Glück soll mich verlassen ...
Te del o béng ánde mánde ... *dass gibt(-er) der Teufel in ich-6 ...*	Der Teufel soll mich holen ...
Te meráv, te xuxaváv!* *dass sterbe(-ich), wenn lüge(-ich)*	Falls ich lüge, soll mich der Tod holen!
Me čhavorá te merén ...* *meine Kinder dass sterben(-sie) ...*	Meine Kinder soll der Tod holen ...
Te koróljav ... *dass erblinde(-ich) ...*	Auf dass ich erblinde ...
Te čhinén ma o kamiónja ... *dass töten(-sie) ich-4 die Lkw ...*	Die Lkw sollen mich überrollen ...
Me jakhá te nikjón ... *ich Augen(Mz) dass rauskommen(-sie) ...*	Auf dass mir die Augen rausfallen ...
Te bangjáv ... *dass lahm-werde(-ich) ...*	Auf dass ich lahm werde ...

Sprichwörter

Das Romani kennt ein Unzahl an Sprichwörtern, die in alltäglichen Gesprächen häufig zu hören sind. Verblüffen Sie mit einigen Sprichwörtern der Kalderasch und Lovara!

Čhin tji čhib maj anglál, sar tji čhib tjo šeró te čhinél!
schneide! deine(w) Zunge mehr vorher, wie deine Zunge dein Kopf dass schneidet(-er)
Hüte deine Zunge, denn sie kann dich deinen Kopf kosten!

Jek sastó gras maj but kerél sar trin nasvalé!
eins gesund Pferd mehr viel macht(-er) wie drei kranke(Mz)
Ein gesundes Pferd ist mehr wert als drei kranke!

Na phag e phurt pála tu, ke pále pálpale si te phirés!
nicht zerstör! die Brücke(w) hinter du-4, weil wieder zurück ist dass reist(-du)
Reiß die Brücke hinter dir nicht ab, du musst wieder über sie zurückgehen!

Na le romnjá, so či žanél váso te xalavél!
nicht nimm! Frau-4, was nicht weiß(-sie) Geschirr dass abspült(-sie)
Nimm keine Frau, die das Geschirr nicht abwaschen kann!

Pála pají gelí, trušalés avilí!
für Wasser ging(-sie), durstig(U) kam(-sie)
Sie ging Wasser holen und kam durstig zurück! (wenn jemand sein Glück nicht sieht und einfach daran vorbeilebt)

Te kamésa te marés tu, mar a vorbása!
wenn möchtest dass schlägst du-4, schlag! die(g) Worte-7
Wenn du kämpfen willst, kämpfe mit Worten!

Na šungárde ánde xaíng, ka maj trobúl te pes andá láte!
nicht spucke! in Brunnen(w), ZUK mehr braucht(-er) dass trinkst aus sie-6
Spucke nicht in den Brunnen, vielleicht musst du noch aus ihm trinken!

Sumnakuní vórba vi sastrunó vudár putrél!
Gold-2 Wort(w) auch eisern Tür öffnet(-er)
Ein Goldeswort kann auch ein eisernes Tor öffnen!

Vo ródel bal ándo anró vi kothé kaj naj anró!
er sucht(-er) Haar in Ei auch dort wo nicht-ist Ei
Er sucht auch ein Haar in der Suppe, wo es keine Suppe gibt!

Bekannte Sprichwörter aus den Balkan-Dialekten:

Ki šundí rez xurdé sevljásar ža, ki xurdí rez baré sevljásar ža.
auf bekannt Weingarten(w) klein(g) Korb-7 geh!, auf klein Weingarten groß(g) Korb-7 geh!
Geh mit einem kleinen Korb in einen berühmten Weingarten, aber mit einem großen Korb in einen kleinen Weingarten.
(Gemeint ist: Wer viel hat, ist geizig, wer wenig hat, ist großzügig.)

O jarás nakhelá, o bilačhó láfi na bistardjívola.
der Wunde vorbeigeht(-er), der böse Wort nicht vergisst(-er)
Eine Wunde verheilt, aber ein böses Wort vergisst man nicht.

O žukél pe balá čhuvóla, po uj na mukéla.
der Hund auf Haare abschüttelt(-er), auf Charakter nicht verlässt(-er)
Ein Hund schüttelt sein Haare ab, aber nicht seinen Charakter.

Kon déla bulé e xerjá, lázimi si te sungél lakeré rilá.
wer gibt(-er) Arsch die Eselin-4, notwendig ist dass riecht(-er) ihre Fürze
Wer es mit einer Eselin treibt, der muss auch ihre Fürze riechen.
(Wer sich mit Hunden schlafen legt, darf sich nicht über Läuse beklagen.)

Das erste Gespräch

Mit einem Smartphone können Sie sich die mit einem gekennzeichneten Sätze dieses Kapitels anhören.

Roma sind aufgeschlossen und hilfsbereit. Man geht auf Fremde zu und ist neugierig. Mitteleuropäische Schüchternheit ist hier fehl am Platz.

T' avés sastó taj baxtaló!
Guten Tag!
(zu einem Mann)

T' avés sastí taj baxtalí!
Guten Tag!
(zu einer Frau)

T' avés ví tu, phrála/phéne!*
Tú-da, phrála/phéne!
Guten Tag, Bruder/Schwester!

Sár san?
wie bist
Wie geht's?

Mištó sim! Najís túke!* [Ov sastó/sastí!]
gut(U) bin, danke du-3, [*sei! gesund(m/w)*]
Es geht mir gut! Danke! *(zu Mann/Frau)*

Das erste Gespräch wird nicht lange auf sich warten lassen.

Rom san?
Rom bist
Bist du ein Rom?

Na, gažó sim.
nein, Gadscho bin
Nein, ich bin ein Gadscho.

Áli sóske žanés amarí čhib?
aber warum weißt unsere Sprache(w)
Aber warum sprichst du unsere Sprache?

Sitjilém romanés, ke kamáv [mangáv] **te žanáv sar trajín** [dživén] **e Romá kathé.**
lernte(-ich) Romani, weil möchte(-ich) [*bitte(-ich)*] *dass weiß(-ich) wie leben(-sie) die Roma hier*
Ich habe Romani gelernt, weil ich wissen möchte, wie die Roma hier leben.

Katár san?
woher bist
Woher kommst du?

Me sim katár o Njámco.
ich bin aus der Deutschland(m)
Ich komme aus Deutschland.

Katár san tumé?
woher seid ihr
Woher kommt ihr?

Amé sam ándaj Austríja.
wir sind aus-die Österreich(w)
Wir kommen aus Österreich.

Austríja (w)	Österreich
austrijánco	Österreicher
austrijánka (w)	Österreicherin
Bélgia (w), **Belžíko**	Belgien
belžikáno (Mz **belžikánur**)	Belgier
belžikánka (w)	Belgierin
Francúzo	Frankreich
francúzo (Mz **francúzur**)	Franzose
francuzájka (w)	Französin
Njámco	Deutschland
njámco (Mz **njámcur**)	Deutscher/-e
njamcájka (w)	Deutsche
Holándo	Niederlande
holandžáno	Niederländer
holandžárka (w)	Niederländerin
Švájcarska	Schweiz
švajcári	Schweizer
švajcárka (w)	Schweizerin

Sar bušós?*
wie heißt(-du)
Wie heißt du?

Sar si tjo anáv?
wie ist dein Name
Wie ist dein Name?

Me bušuváv Johannes taj tú?*
ich heiße Johannes und du
Ich heiße Johannes und du?

Drágo mánge!
lieb ich-5
Sehr erfreut!

Das erste Gespräch

Erzählt man von der eigenen Frau, leitet man den Satz mit der Entschuldigungsformel **Te jertís ...** *(Verzeih!) ein, z. B.:* **Te jertís, mi Romní kerdás kodó xabé.** *(Verzeih, meine Frau hat dieses Essen zubereitet.)*

Mo anáv si Bákro.
Mein Name ist Bakro.

Te jertís, voj si mi Romní.*
dass verzeihst(-du), sie ist meine Ehefrau(w)
Das ist meine Frau, wenn du entschuldigst.

Ketjí vrjáma sitjós romanés?*
wieviel Zeit(w) lernst Romani
Wie lange lernst du schon Romani?

Ketjí vjráma san kathé?*

Kazóm vréme sjan kathé?
wieviel Zeit(w) bist hier
Wie lange bist du hier?

Kána lindán te siklós romanés?
wann begannst(-du) dass lernst Romani
Wie lange lernst du schon Romani?

Plačál tu amaró gav?*
gefällt(-er) du-4 unser Dorf
Gefällt dir unser Dorf?

Sar te na! Zuralés plačál ma!*
wie dass nicht, stark(U) gefällt(-er) ich-4
Natürlich! Es gefällt mir sehr!

Bejendinésa amaró gav?
magst(-du) unser Dorf
Gefällt dir unser Dorf?

Sar te na! But bejendináva les!
wie dass nicht, sehr mag(-ich) er-4
Natürlich! Es gefällt mir sehr!

Ketjí berš si tu?
wieviel Jahr sind du-4
Wie alt bist du?

Si man biš-taj-pándž berš.
sind ich-4 zwanzig-und-fünf Jahre
Ich bin 25 Jahre alt.

Berufe

In den meisten Ländern der Welt wurden/werden die Roma nicht als gleichwertige Staatsbürger behandelt und man verwehrte ihnen die Ausübung von bürgerlichen Berufen.

Saví butjí kerés?
welche Arbeit(w) machst
Was bist du von Beruf?

Sim ...
bin ...
Ich bin ...

bürgerliche Berufe

butjári	Arbeiter
butjarkínja (w)	Arbeiterin
bibutjáko	arbeitslos
dóktoro	Arzt
doktórkinja (w)	Ärztin
gavutnó	Bauer
fotográfo	Fotograf
šeftári	Geschäftsmann
žurnalísto	Journalist
žurnalístkinja	Journalistin
fermjéra (w)	Krankenschwester
artísto	Künstler, Schauspieler
artístkinja (w)	Künstlerin, Schauspielerin
sikamnó	Lehrer
sikamní (w)	Lehrerin
patróno	Chef, Geschäftsmann
profesóri	Professor, Lehrer
profesórkinja (w)	Professorin, Lehrer
poéto	Schriftsteller
studénto	Student
studéntkinja (w)	Studentin
turísto	Tourist

Roma findet man in den verschiedensten Metiers. Schon sehr früh bildeten sich innerhalb der Romawelt verschiedenste Berufsgruppen, die ihre Tätigkeiten als Wandergewerbe ausübten. Dazu zählten in erster Linie metallverarbeitende Berufe (Hufschmiede, Kesselerzeuger und Scherenschleifer), Korbflechter,

Schuhputzer, Pferdehändler, Bärentreiber, Schausteller sowie Musiker. Heutzutage spielen diese traditionellen Berufe nur mehr eine untergeordnete Rolle, die ehemaligen Gruppenbezeichnungen hingegen existieren weiterhin und unterscheiden sich beispielsweise sprachlich durch ihre Dialekte. Zu den wichtigsten Gruppen gehören:

Gruppenbezeichnungen der Roma
*Die mit * gekennzeichneten Gruppen sprechen Vlach-Dialekte, alle anderen Balkan-Dialekte. Nur die* **Kováčja** *kommen in beiden Gruppen vor.*

Kelderáš	Kesselflicker*
Lovára	Pferdehändler*
Čurára	Siebmacher*
Džámbas	Händler und Pferdehändler*
Ursára	Bärentreiber*
Balajára	Trogmacher*
Linguára	Löffelmacher*
Kováčja	Schmiede *(Vlach und Balkan)*
Sepečídes	Korbflechter
Bugurdžídes	Bohrermacher
Konopljára	Seilmacher

Jede Gruppe bildet faktisch eine Einheit. Es gibt nur wenige Berührungspunkte zwischen ihnen, so dass beispielsweise intergruppäre Heiraten eher selten vorkommen.

Berufe der Roma

In manchen Regionen zwingt die Armut Roma dazu, ihren Lebensunterhalt durch Betteln zu verdienen.

profésija (w)	Beruf
butjári	Arbeiter
butjarkínja (w)	Arbeiterin
rišári	Bärtreiber/-dompteur
mangáv (mangél, manglém)	betteln
kórroveco*, kuldúši*, prosjáko	Bettler

korrovjáca* (w), **kulduškínja*** (w), **prosjakínja** (w)	Bettlerin
lavutári	Geigenspieler
šeftári	Geschäftsmann
trgóvco	Händler
kelderári	Kupferschmied
kakavjári	Kesselmacher
kožnicári*, **sepečí**	Korbflechter
gázda	Ladenbesitzer, Verkäufer
muzikánto	Musiker
kováči	Pferdeschmied, Schmied
artísto	Schauspieler/-steller
artistkínja (w)	Schauspielerin/-stellerin
čísmaš	Schuhmacher
bojadjí	Schuhputzer
drabarní (w), **vračarica** (w), **falčíka** (w)	Wahrsagerin
drabaráv* (**drabarél***, **drabardém***), **fáli dikháv** (~ **dikhél**, **dikhlém**) *Omen sehe(-ich)*	wahrsagen
bírtas, **kirčimári**	Wirt

Savé profésije si tumaré Romén?
welche Berufe ist eure(g) Roma-4
Welche Berufe üben die Leute hier aus?

Keráv butjí ánde fábrika.
mache(-ich) Arbeit(w) in Fabrik(w)
Ich arbeite in einer Fabrik.

Bikináv vurdoná.
verkaufe(-ich) Autos
Ich verkaufe Autos.

Bibutjáko sim.
arbeitslos(m) bin
Ich *(m)* bin arbeitslos.

Das erste Gespräch

Ein weiteres wichtiges Betätigungsfeld der Roma ist der Verkauf von Gebrauchtgegenständen auf den diversen Flohmärkten.

Ein altes Roma-Sprichwort sagt:

Le Romá kerén butjí te trajín, le gažé trajín te kerén butjí.
die Roma machen(-sie) Arbeit dass leben(-sie), die Gadsche leben(-sie) dass machen(-sie) Arbeit
Die Roma arbeiten um zu leben, die Gadsche leben um zu arbeiten.

Xurdé butjánca ródav mo manró.
kleine(g) Arbeiten-7 suche(-ich) mein Brot
Ich halte mich mit kleinen Arbeiten über Wasser.

In vielen Roma-Siedlungen findet man Frauen, die einem die Zukunft aus Karten, aus dem Kaffeesud, mit Bohnen oder aus der Hand lesen können. Man sollte den Preis hierfür immer im Vorhinein ausmachen.

Šaj te drabarés mánge?* [Šaj te dikhés mánge fáli?]
können dass wahrsagst(-du) ich-3 [können dass siehst(-du) du-3 Omen]
Kannst du mir wahrsagen?

So dikhés ánde mi pálma [šáka]**?**
was siehst(-du) in meine Handfläche(w)
Was siehst du in meiner Hand?

Šaj trajís [dživés] **drabarimástar?**
können lebst(-du) Wahrsagen-5
Kannst du vom Wahrsagen leben?

Zu Gast sein

Bei einer Roma-Familie zu Gast zu sein, ist wohl mit die beste Möglichkeit, ihr wahres Leben kennen zu lernen. Die Familie ist bei den Roma überaus wichtig, und so sind auch viele Handlungen danach ausgerichtet, zum Wohlergehen der gesamten Familie beizutragen. Probleme werden gemeinsam geklärt, dabei besteht eine klar definierte Hierarchie zwischen den einzelnen Personen, aber auch zwischen Männern und Frauen.

Als Gast sollte man grundsätzlich Verständnis und Interesse zu einer Einladung mitbringen. Die Gastgeber, seien sie noch so arm, versuchen, den Gast mit allen nur möglichen Speisen und Getränken zu verwöhnen. Man sollte also nie mit vollem Magen zu Roma auf Besuch gehen; denn nichts oder nur wenig zu essen gilt als unhöflich, ja sogar als Minderschätzung des Gastgebers. Man sollte sich aber auch bewusst sein, dass die Gastfamilie dafür vielleicht in den nächsten Tagen auf etwas verzichten muss.

Beim Betreten eines moslemischen Hauses werden meist die Schuhe ausgezogen. Man wird zwar aus Höflichkeit immer aufgefordert, die Schuhe nicht auszuziehen, es wäre aber ein grober Fehler dieser Aufforderung nachzugeben.

Mištó avilán phrála/phéne!
gut(U) kamst(-du) Bruder/Schwester
Herzlich willkommen, Bruder/Schwester!

Av andré!
komm-! herein
Tritt ein!

Sar san?
wie bist
Wie geht es dir?

Zu Gast sein

Die Verhaltensregeln können von Roma-Gruppe zu Roma-Gruppe so verschieden sein, dass man letztendlich nur durch eigene Beobachtung und Einfühlungsvermögen zum Ziele kommt.

Wichtig ist es, stets nach dem Namen und dem Wohlbefinden der Kinder zu fragen. Fragen über die Frau des Hauses sind aber in den meisten Fällen tabu. Hier ist ein minimales Wissen über die jeweilige Tradition und eine gewisse Einfuhlung in den Alltag der Roma von großem Nutzen. Als Faustregel mag gelten: Im Zweifelsfalle äußerste Zurückhaltung und Desinteresse an erwachsenen weiblichen Personen, soweit es sich beim Besucher um einen Mann handelt. Gespräche von Frau zu Frau sind immer möglich. Hier ist es eher umgekehrt. Eine Besucherin sollte nicht zu viel Interesse an männlichen Roma zeigen!

So si nevipé?
was ist Neuigkeit
Was gibt's Neues?

Sa si mištó [šukár]!
alles ist gut(U) [schön]
Alles in Ordnung!

Beš telé!
sitz! nieder
Nimm doch Platz!

Kadí si mi phen!
diese ist meine Schwester(w)
Das ist meine Schwester!

Drágo mánge te pindžaráv tu!
lieb ich-3 dass kennenlerne(-ich) du-4
Sehr erfreut, dich kennen zu lernen!

Zuerst begrüßt man den Gastgeber, dann ältere Leute und danach alle anderen anwesenden Personen. Als Mitbringsel eignen sich kleine Geschenke oder Süßigkeiten für die Kinder, Spirituosen für den Gastgeber, aber auf keinen Fall Blumen für seine Frau!

Bei Roma wird man fast sicher nicht gefragt, was man essen will, sondern es wird das angeboten, was gerade da ist. In einer traditionellen Romagruppe wird das Essen, das vorgesetzt wird, immer mehr sein, als man essen kann. Auch ist es in den meisten Roma-Gruppen nicht notwendig, zuerst das Essen der Höflichkeit wegen abzulehnen. Die Gastgeber sehen es gerne, wenn es dem Gast schmeckt und wenn er sich reichlich bedient. Normalerweise wird einem nicht schon am Teller serviert, sondern jeder nimmt sich selbst. Aussprüche wie „Guten Appetit“ oder „Mahlzeit“ sind bei den Roma eher unüblich; trinkt man jedoch Alkohol, so ist es unhöflich zu trinken, ohne zuvor einen Trinkspruch gesagt zu haben. Es gibt Roma-Gruppen, bei denen man das Glas auch nicht an den Mund setzen darf, ohne jedes Mal zuvor einen Toast auf das Wohl des Gastgebers und das seiner Familie zu sagen.

Síjas, t' avén sasté taj vesté savorá žené!
Prost, dass' seid(-ihr) gesund(Mz) und gesund(Mz) alle Personen
Auf dass ihr alle gesund seid, Prost!

Síjas, te trajín but berš tumaré čhavénca, tumaré nepotónca taj intregoná tumará familjása!
Prost, dass lebt(-ihr) viel Jahr eure(g) Kinder-7, eure(g) Enkel-7 und ganze eure(g) Familie-7
Mögt ihr noch viele Jahre mit euren Kindern, Enkelkindern und eurer ganzen Familie leben, Prost!

Trinksprüche

Die nebenstehenden Trinksprüche kommen v. a. bei den Vlach-Gruppen vor. Ihnen gemeinsam ist das Wort **síjas** *(etwa: „ihr sollt leben“), das der Einfachheit halber hier immer mit „Prost“ übersetzt wird.*

Síjas, bax te del o Del, tumé, tumaré čhavén taj sa tumaré nepotón!
Prost, Glück dass gibt(-er) der Gott, ihr-4, eure(g) Kinder-4 und alle eure(g) Enkel-4
Auf dass Gott euch, euren Kindern und allen euren Enkelkindern Glück beschere, Prost!

Síjas, te trajín but aj mištó!
Prost, dass lebt(-ihr) viel und gut(U)
Auf dass ihr lange und gut lebt, Prost!

Trinkt man Wein, kann man sagen:

Sóde brišínd mardás le drakhá, kaj kerdé ánda lénde kadí molorí, kaditjí bax taj sastipé te del tumé o súnto Del!
wieviel Regen schlug die(g) Trauben, dass machten(-sie) in(w) sie-6 diese Wein(w), so-viel(w) Glück(w) und Gesundheit dass gibt(-er) ihr-4 der heilige Gott
Möge Gott euch so viel Glück und Gesundheit schenken, wie Regentropfen diesen Wein haben reifen lassen!

Bei den Sprechern der Balkan-Dialekte handelt es sich v. a. um Moslems, und daher gibt es wenig Trinksprüche. Möglich ist **šerefé!** *(türk. „Prost“) oder* **o Devél te del tumén bax taj sastipé!** *(„Möge Gott euch Glück und Gesundheit geben!“) oder auch* **šerefé tumaré sastimáske!** *(„Prost auf eure Gesundheit!“).*

Ájdi, te pjas jek rakíja!
los, dass trinken(-wir) eins Schnaps(w)
Lass uns doch einen Schnaps trinken!

No mištó, núma féri jek, čumídav tjo iló!*
na gut(U), aber nur eins küsse(-ich) dein Herz
Šukár, áli sáde jek!
schön aber nur eins
Also gut, aber nur einen bitte!

Na dará, na ka mudarél tu!
nicht Angst-hab!, nicht ZUK tötet(-sie) du-4
Hab keine Angst, er wird dich schon nicht umbringen!

Najisaráv tumará patjiváke!*
Fála tumáre sajgijáke!
danke(-ich) eure(g) Ehre(w)-3
Danke für eure Gastfreundschaft!

Avén-tar o xabé si gáta [haziri].
kommt(-ihr)-her der Essen ist fertig
Kommt, das Essen ist fertig!

Ačhén Devlésa, ka dikhás amé!
bleibt! Gott-7, ZUK sehen(-wir) wir-4
Auf ein baldiges Wiedersehen!

Xan! Te na šudról o xabé!
esst! dass nicht kalt-wird(-er) der Essen
Esst, bevor das Essen kalt wird!

Hatjár tut kathé sar kheré!
fühle! du-4 hier wie zu-Hause
Fühle dich ganz wie zu Hause!

O xabé si but but lačhó!
der Essen ist sehr sehr gut
Das Essen ist hervorragend!

Zu Gast sein

Góstija – das Festmahl

*Bei den traditionellen Roma-Gruppen ist es üblich, für „wichtige“ Gäste ein Festmahl (**e góstija**) zuzubereiten. Als Besucher bei den Kelderasch oder anderen Gruppen kann es durchaus vorkommen, dass einem diese Ehre zuteil wird.*

Kamás [mangás] **te kerás tuménge góstija!**
wollen(-wir) dass machen(-wir) ihr-3 Festmahl(w)
Wir wollen euch mit einem Festmahl ehren!

Baxtaló sim, o Del mánde andás tumé!
glücklich bin, der Gott ich-6 brachte(-er) ihr
Ich habe Glück, Gott hat euch zu mir gebracht!

Av te pjas jek mol ándo sastipé, taj t' avél baxtaló amaró malajipé!
komm! dass trinken(-wir) eins Wein in Gesundheit, und dass' sei glücklich unser Treffen
Lass uns einen Wein auf unsere Gesundheit und unser Zusammentreffen trinken!

Te del o Del!
dass gibt(-er) der Gott
So soll es sein! (Antwort auf die Einladungen)

T' avés baxtaló šelé beršénca ángle!
dass' seist glücklich hundert(g) Jahre-7 vor
Mögest du 100 Jahre lang glücklich sein!

Vi čirikjláko thud si pe tumaró astáli [tumarí mása]**!**
auch Vögel-2 Milch ist auf euer Tisch [euer Tisch]
Euer Tisch ist überreichlich gedeckt!

Als Gast sagt man am besten die nächsten beiden nebenstehenden Sätze:

Góstija dan, góstija t' arakhés!
Festmahl(w) gabst, Festmahl dass findest(-du)
Du hast uns eingeladen, also werden auch wir dich einladen.

Te del o Del katár dan, kathé o Del te pherél!
dass gibt(-er) der Gott von gabst, wo der Gott dass erfüllt(-er)
Was du gegeben hast, soll Gott dir wiedergeben!

Familie & Verwandtschaft

familíja (w)	Familie
nípo*	Großfamilie
víca* (w)	Stammeszugehörigkeit
fájta* (w)	Verwandtschaft
njámo*, ákraba	Verwandter
dad	Vater
dej (w), **daj** (w)	Mutter
pápo	Großvater
mámi (w), **bába** (w)	Großmutter
čhavorá	Kinder
čhavó	Sohn
čhej (w), **čhaj** (w)	Tochter
phral	Bruder
phen (w), **phej** (w)	Schwester
kak, káko, náno*	Onkel
bibí (w), **lála*** (w)	Tante
Rom	Ehemann
Romní (w)	Ehefrau
kumnáto*, šógoro, saló	Schwager
kumnáta* (w), **salí** (w)	Schwägerin
sastró, sókro*	Schwiegervater
sasúj (w), **sákra*** (w)	Schwiegermutter
žamutró, džamutró	Schwiegersohn
borí (w)	Schwiegertochter
xanamík	Vater von Schwiegersohn/-tochter

Die Grundlage der Roma-Gesellschaft ist die Familie. Man lebt in und mit Großfamilien und sieht sich selbst als Teil einer solchen. Die Blutsverwandtschaft gilt als heilig, und man verhält sich oft auf eine ganz bestimmte Weise, nur um nicht das Ansehen der Verwandten zu beschädigen. Die Verwandtschaft, selbst die weit entfernte, ist ein wichtiger Bestandteil der eigenen Identität.

Zu Gast sein

Begegnen Sie der älteren Generation immer mit sehr viel Respekt. Unter den Roma genießen ältere Menschen große Achtung und werden als Autorität anerkannt.

Besondere Bedeutung in der Welt der Roma hat der **xanamík,** der Vater der Braut bzw. des Bräutigams. Die Beziehung dieser beiden **xanamiká,** also der beiden Väter zweier verheirateter junger Menschen, ist in der Roma-Welt deshalb so entscheidend, weil alle großen Probleme, die zwischen diesem Paar auftreten, nicht nur von diesem selbst, sondern zwischen den beiden **xanamiká** besprochen werden, und es wird auch von ihnen nach einer Lösung gesucht. Zwischen zwei **xanamiká** besteht ein Leben lang eine enge Beziehung. Ist diese Beziehung gestört, kann sich das auf die ganze Familie negativ auswirken. **Xanamikipé,** bei manchen Roma-Gruppen auch **xanamikimós** genannt, bezeichnet auf Romani das Verhältnis zwischen den beiden Vätern.

O Jánoš si mo xanamík.
Der Janosch ist mein „Xanamik".

Es gehört zum „guten Ton", die Familienmitglieder eines Freundes immer grüßen zu lassen.

Mek tje dadéske but sastipé!
lass! dein(g) Vater-3 sehr Gesundheit
Grüß deinen Vater (von mir)!

Mekáv tja dáke but sastipé!
lasse(-ich) deine(g) Mutter-3 sehr Gesundheit
Ich grüße deine Mutter!

Feste feiern

Feste und Feiern spielen in der Roma-Welt eine wichtige Rolle. Man zelebriert das Leben in all seinen Facetten und lässt keine Möglichkeit aus, andere Mitglieder der Großfamilie zu treffen, mit ihnen Spaß zu haben, gemeinsam zu essen, zu trinken, zu tanzen und zu lachen. Auch die Kinder sind immer dabei, denn die Unterscheidung zwischen Erwachsenen und Minderjährigen ist den Roma fremd.

Das wohl wichtigste Roma-Fest Südosteuropas ist der so genannte Georgstag (**djúrdjevdan/hederlézi**) am 6. Mai. Das Fest zu Ehren des heiligen Georg war wohl ursprünglich das Symbol für den Sommeranfang. Die Roma bringen bereits einen Tag vorher an einer Wasserquelle in der Nähe ihrer Siedlung Schlachtopfer, damit ihre Anliegen in Erfüllung gehen. Das Wasser aus der Quelle gilt danach als heilig und wird am Folgetag mit Musik und Essen zurück ins Dorf gebracht. Das Fest wird von Christen (**djúrdjevdan**) und Moslems (**hederlézi**) gefeiert und dauert bis zu einer Woche.

Geburt, Hochzeit und Tod nehmen im Leben der Roma eine äußerst wichtige Rolle ein, wobei die Hochzeit einen absoluten Höhepunkt darstellt. Ganz anders verhält es sich mit Jahrestagen: Eine Hochzeit, die Silberne bzw. Goldene Hochzeit zu feiern, würde kaum einem Rom einfallen. Ähnlich verhält es sich mit dem Geburtstag. Zwar wird die Geburt eines Kindes groß und aufwändig zelebriert, die anschließenden Geburtstage jedoch kaum.

Baxtaló t' avél tumaró hederlézi!
glücklich dass' wird euer Georgstag
Auf dass euer Georgstag schön sei!

Weitere wichtige Roma-Feste sind der 14. Januar (**puranó nevó berš** – Altes Neues Jahr), an dem das Neue Jahr nach dem julianischen (orthodoxen) Kalender beginnt. Dieser Tag, den man auch **Vasílica** nennt, und zwei Folgetage werden mit viel Essen und Trinken gefeiert.

Sar slavín tumé o puranó nevó berš?
wie feiert(ihr) ihr der alt neu Jahr
Wie feiert ihr das Alte Neue Jahr (den 14. Januar)?

Die moslemischen Feste (Opferfest und Ende des Ramadan) richten sich nach dem islamischen Mondkalender und „wandern" durch den gregorianischen Kalender.

o krečúno*	Weihnachten
e patradjí	Ostern
e rusálja*	Pfingsten
Šéker bájram	Ende des Ramadan
Kúrban bájram	Opferfest

In vielen Gegenden des Balkans feiern alle Roma christliche wie moslemische Feste, ungeachtet ihrer eigenen Religion!

Die serbisch-orthodoxen Roma (v. a. Kalderasch) feiern außerdem die Feste zu Ehren der Heiligen (**le svéci**), z. B. **Svéti Níkola, Svéti Štéva** oder **Svéti Rándželo** etc. Jede Familie hat hier ihre eigenen Regeln, dieses so genannte **sláva** zu feiern, und sie werden von Vater zu Sohn weitergegeben. Es handelt sich dabei um eine Art Fest für den Familienheiligen. Einladungen zu einer solchen Feierlichkeit müssen unbedingt nachgekommen werden bzw. kann man Freunde an diesem individuellen Tag auch unaufgefordert besuchen.

Baxtalí t' avél tji sláva!
glücklich dass'sei deine Fest(w)
Möge dein Fest glücklich sein!

Hochzeit

Die Gründung der Familie, die Hochzeit (**o bjáv**), ist unbestritten das wichtigste Ereignis im Leben eines Rom (und darüber hinaus seiner Familie). Oft ist es üblich, als Mädchen mit 16 und als Junge mit spätestens 18 verheiratet zu sein. Die Hochzeitsriten und Gebräuche der einzelnen Gruppen unterscheiden sich stark voneinander. Bei einigen Roma gibt es einen riesigen Festzug, bei dem der Bräutigam (**o žamutró**), von Musikanten begleitet, zum Haus der Braut (**e borí**) zieht, um dort offiziell den zukünftigen Schwiegervater (**o sastró**) um die Hand seiner Tochter anzuhalten. Bei traditionellen Roma ist die Jungfräulichkeit der Braut in der Hochzeitsnacht nach wie vor eine Frage der Familienehre.

*Übrigens bezeichnet das Wort für „Ehre" (**e patjív**) auch gleichzeitig die „Jungfräulichkeit".*

E čhej sas patjivalí!
die Mädchen war ehrhaft(w)
Das Mädchen war unberührt (jungfräulich)!

Ájdi romále! Khelén!
los Roma, tanzt!
Tanzt, Leute!

Bei Roma-Hochzeiten feiert nicht selten die ganze Siedlung mit. Dementsprechend hoch sind die Kosten, und viele Familien müssen sich auf Jahre hinaus verschulden. Wer die Möglichkeit hat, an einer solchen „Zigeunerhochzeit" teilzunehmen, sollte sich das unter keinen Umständen entgehen lassen. Wichtig ist das Hochzeitsgeschenk (**o dáro**), das allen Anwesenden vorgeführt wird, ohne den Namen des Schenkenden zu verheimlichen!

Feste feiern

Bei den meisten Roma ist die offizielle Trauung unwichtig, und sie erfolgt manchmal erst nach Jahrzehnten. Trauscheine und andere offizielle Dokumente haben in der Welt der Roma wenig Bedeutung.

San meritimé [prandemé]**?**
bist verheiratet(w)
Bist du verheiratet?
(zur Frau)

San ansurimé [prandemé]**?**
bist verheiratet
Bist du verheiratet?
(zum Mann)

Die Ausdrücke **meritimé** und **ansurimé** kommen v. a. im Dialekt der Kalderasch vor. Bei den Lovara hingegen würde man eher **San colaxardó?** bzw. **San colaxardí?** fragen. In den Balkan-Mundarten gibt es nur das Wort **prandemé** (für Männern und Frauen).

Na, ínke či sim meritimé/ansurimé! *
Na, pánda na sjum prandemé!
nein, noch nicht bin verheiratet(w/w)
Nein, ich (w/m) bin noch nicht verheiratet.
(sagt Frau/Mann)

Va, meritimé/ansurimé [prandemé] **sim!**
ja verheiratet(w/w) [verheiratet(m+w)] bin
Ja, ich (w/m) bin verheiratet! *(sagt Frau/Mann)*

Ketjí čhavorá si tu?
wieviel Kinder ist du-4
Wie viele Kinder hast du?

Si ma deš čhavorá!
ist ich-4 zehn Kinder
Ich habe 10 Kinder!

Ketjí žené bešén ánde tjo khér?
wieviel Personen wohnen(-sie) in(m) dein Haus
Wie viele Leute wohnen in deinem Haus?

Kaj kam avél sígo jek abjáv?
wo ZUK kommt(-er) schnell eins Hochzeit
Wo gibt es demnächst eine Hochzeit?

meritimós*, colaxaripé	Trauung
bjáv, abjáv	Hochzeit
ansurív ma* (ansuríl pe*, ansurisájlem*)	heiraten (als Mann)
ansurív* (ansuríl*, ansurisardém*)	verheiraten (einen Mann)
meritív ma* (meritíl pe*, meretisájlem*)	heiraten (als Frau)
meritív* (meritíl*, meretisardém*)	verheiraten (eine Frau)
colaxaráv* (colaxarél*, colaxardém*)	heiraten (allg.)
prandinél (prandináv, prandindúm)	heiraten
lel romés *(nehmen Ehemann-4)*	heiraten (als Frau)
lel romnjá *(nehmen Ehefrau-4)*	heiraten (als Mann)
ansurimé*, colaxardó*	verheiratet (als Mann)
meritimé*, colaxardí*	verheiratet (als Frau)
prandemé	verheiratet (Mann und Frau)
dáro	Hochzeitsgeschenk
čhajipé, patjív (w)	Jungfräulichkeit

Tromáv vi me te aváv te dikháv?
darf(-ich) auch ich dass komme dass schaue
Darf ich kommen und zuschauen?

Kásko bjav kam avél?
wer(g)-2 Hochzeit ZUK kommt
Wer wird heiraten?

Ansurív me čhavés!
verheirate(-ich) mein(g) Sohn-4
Ich verheirate meinen Sohn!

Meritív ma čha!
verheirate(-ich) meine(g) Tochter-4
Ich verheirate meine Tochter!

Savó dáro te anáv?
welcher Geschenk dass bringe(-ich)
Was für ein Geschenk soll ich mitbringen?

Musik

Kaum ein Volk der Welt hat so sehr die Musik geprägt wie die Roma, und dennoch ist es äußerst schwierig, den Begriff der „Zigeunermusik" zu definieren. In vielen Fällen schufen sie Interpretationen der Klänge der Länder, in denen sie sich gerade aufhielten, gemischt mit ihren eigenen Volksliedern, und schufen dadurch ganz einzigartige neue Stilrichtungen. Grundsätzlich spielt Musik in jeder Roma-Gruppe eine entscheidende Rolle, so werden Kinder bereits in jüngstem Alter zum Tanzen und Musizieren angehalten. Tatsächlich leben immer noch viele unter ihnen von diesem Talent, und in vielen Ländern des Balkans ist der Rom gleichbedeutend mit guter Musik. Interessant ist, dass die meisten Roma-Musiker alleine nach dem Gehör spielen und nicht nach Noten.

Vorsicht! In manchen Dialekten des Südbalkan bezeichnet das Verb **bašaváv** *auch „furzen"! Hier sagt man besser* **gilábav pe.**

Ánde amaró gav si but muzikántur [muzikántja]**!**
in unser Dorf sind viel Musiker(Mz)
In unserem Dorf gibt es viele Musiker!

O Gógo si jek but lačhó lavutári!
der Gogo ist eins sehr gut Violinist
Gogo ist ein sehr guter Violinist.

prímaš*	Führer einer Roma-Kapelle
instruménto	Instrument
bašaváv (bašavél, bašadém)	spielen (Instrument)
gilábav pe (gilábel, gilabadém ~)	spielen auf (Instrument)
círdav e lávuta (círdel, cirdém ~)	Geige spielen (auch andere Saiteninstrumente)
phúrdav (phúrdel, phurdém)	blasen (Blasinstrument)
maráv (marél, mardém)	schlagen (Trommeln, Klavier)
gilábav (gilábel, gilabadém)	singen

Grundsätzlich sind die Musiker meistens – wenn auch nicht immer – Männer, während die Frauen tanzen und häufig singen.

Während die Roma in Mittel- und Westeuropa vor allem Saiteninstrumente spielen (Beispiele hierfür sind Django Reinhardt, Sándor Lákatos, Schnuckenack Reinhardt oder Titi Winterstein), findet man am Balkan eher Blaskapellen (wie die Fanfare Ciocarlia, Taraf de Haïdouks oder das Kočani Orkestar). Diese Tradition geht auf die osmanische Militärmusik zurück, die heute selbst in der Türkei nur noch von Roma gespielt wird.

gilabaimós* (Mz **gilabaimáta***)	Gesang
gilí (w)	Lied
khelimáski gilí	Tanzlied
lokí gilí	langsames Lied
múzika (w)	Musik
lavutári*, lavutáš*	Geiger
gitarísto	Gitarrist
múzikaš, muzikánto	Musiker
orkéstra (w)	Blaskapelle, Orchester
bánda* (w)	Band, Kapelle
gilabajtóri	Sänger
gilabajitórka (w)	Sängerin
gláso, hángo	Stimme
kheláv (khelél, kheldém)	tanzen
khelitóri	Tänzer
khelitórka (w)	Tänzerin
khelipé	Tanz
štrómfo	typischer Roma-Tanz der Kalderasch

Plačál tu amarí múzika?* [**Svidjól pe túke amarí múzika?**]
gefällt du-2 unsere(w) Musik(w) [*gefällt auf du-3 unsere Musik(w)*]
Gefällt dir unsere Musik?

Sar te na! E roméngi múzika si e máj- [**náj**] **šukar!**
wie dass nicht, die Roma-7 Musik(w) ist die mehr-schön
Und wie! Die Musik der Roma ist die schönste!

E romá si e máj-lače muzikántur ánde lúma!*
E romá si náj-šukar muzikántja ándo svéto!
die Roma sind die mehr-gut Musiker(Mz) in Welt
Die Roma sind die besten Musiker der Welt!

Saví múzika plačál tumé [svidjól pe tuméngo]?
welche Musik(w) gefällt ihr-2 [gefällt auf ihr-3]
Welche Musik gefällt euch?

Kamáv [mangáv] e múzika a lavutása!
liebe die Musik(w) die(g) Geige-7
Ich liebe Geigenmusik!

Kaj šaj te šunáv roméngi múzika?
wo können dass höre(-ich) Roma-2 Musik(w)
Wo kann ich „Zigeunermusik“ hören?

Jedes Jahr findet in Guca in Zentralserbien ein großes Festival der Blasmusik statt, an dem natürlich auch immer viele Roma-Musiker teilnehmen.

Si kathé jek muzikáko festiválo?
ist hier eins Musik-2 Festival
Gibt es hier ein Musikfestival?

Savó instruménto bašavés?
welcher Instrument spielst
Welches Instrument spielst du?

Bašaváv ...
spiele(-ich) ...
Ich spiele ...

akordeóno, harmónika (w)	Akkordeon
lávuta (w), **vijolína** (w), **kemána** (w)	Geige, Violine
zúrna (w), **zúrla** (w)	türkische Oboe
drimbélo	Drimba (rumän. Instrument)
címbalo	Cimbal (ungar. Saiteninstrument, „Hackbrett“)

frúla (w), **furúlja** (w)	Flöte
gitára (w)	Gitarre
piáno	Klavier, Piano
čúro, défi	Tamburin, Schellentrommel
dárbuka (w)	kleine türkische Trommel
dóba (w), **davúli**	große Trommel
saksofóno	Saxophon
granáta (w), **klarinéta** (w)	Klarinette
trúba (w)	Tuba
trompéta (w)	Trompete

Vor allem am Südbalkan und in der Türkei sind bei Familienfeiern (Hochzeiten, Beschneidungen) Roma-Musiker so gut wie immer anzutreffen. Die **Zúrna** *und* **Davúli** *sind dabei praktisch obligatorisch, da sie bis jetzt noch nicht durch die immer häufiger gebrauchten Keyboards zu ersetzen sind!*

Ájdi, Romále bašavén!
los, Roma spielt!
Spielt Musik, ihr Roma!

Religion

Ein Erbe aus Indien ist die Religiosität der Roma. Egal ob sie nun Katholiken, Protestanten, Orthodoxe oder Moslems sind, Roma sind fast immer sehr gläubig und praktizieren ihre jeweilige Religion mit ganzer Hingabe. Nicht selten beten Roma vor einer Handlung oder bekreuzigen sich, wenn etwas gelungen ist. Auch Wallfahrten erfreuen sich großer Beliebtheit.

Die Frage nach der Religion ist übrigens üblich. Man selber sollte immer sagen, dass man gläubig ist – die Religion ist dabei zweitrangig. Atheismus löst Unverständnis oder sogar Ablehnung aus.

Katóliko/pravoslávo/moslémo san?
Katholik/Orthodox/Moslem bist
Bist du Katholik/Orthodox/Moslem?

Na, protestánto/jevréo sim.
nein, Protestant/Jude bin
Nein, ich bin Prostestant/Jude.

Kamáv [mangáv] **te žav ánde khangerí túsa.**
möchte(-ich) [bitte(-ich)] dass gehe(-ich) in Kirche(w) du-7
Ich möchte mit dir in die Kirche gehen.

Tromáv te dav [khuváv] **ánde džamíja?**
darf(-ich) dass gebe [eintrete(-ich)] in Moschee(w)
Kann ich die Moschee betreten?

Pomána* bezeichnet die Totenfeier zu Ehren eines Toten. Sie findet eine Woche nach dem Tod statt und wiederholt sich am 40. Tag, nach einem halben und letztendlich nochmals nach einem Jahr. Die Trauerzeit für die Hinterbliebenen beträgt somit immer genau ein Jahr. Typisch bei diesen Trauerfeiern ist der Ausspruch:

T' avél kodó xabé taj kodó pipé ángla muló, lésko gi t' avél jertomé e Devléstar!*
dass' wird jener Essen und jener Trinken vor Toter, sein Seele dass' wird vergeben der Gott-5
Dieses Essen und dieses Trinken ist für den Toten, Gott möge seiner Seele gnädig sein!

Dabei schüttet man ein wenig Wein oder Schnaps auf den Boden. Auf der **pomána*** sitzen Männer und Frauen getrennt. Gegenstände (Teller, Stühle usw.) dürfen nur in ungerader Zahl vorkommen!

Bei den Roma gilt: Feuer vertreibt den bösen Geist, und so hilft beispielsweise eine glimmende Zigarette gegen die Energie der Toten auf einem Friedhof. Das Wasser hingegen gilt als reinigend, und so bemüht man sich, nach Verlassen eines Friedhofs einen Fluss zu überqueren.

maráv trušúl pe mánde (marél, mardém ˜) *schlage(-ich) Kreuz auf ich 6*	sich bekreuzigen
angropomós*, praxomós*, parunipé	Beerdigung
bjav, sunéti	Beschneidung (bei den Moslems)
rudjív (rudjíl, rudjindém), molináv (molinél, molindúm)	beten
limórja (Mz), **murmúnci*** (Mz)	Friedhof
pakjapé ándo Del	Glaube an Gott
rudjipé*, molítva (w)	Gebet
Del*, Devél	Gott
slúžba e Devléski	Gottesdienst
limóri, gróbo, murmúnto*	Grab

Religion

čéri*, **nébo**	Himmel
póklo*, **dženéti**	Hölle
bjav, abjáv*	Hochzeit
phabaráv momelí (**phabarél, phabardém** ˜) *anzünde(-ich) Kerze*	Kerze anzünden
hódža	Imam, Hodscha
khangerí (w)	Kirche
trušúl	Kreuz
džamíja (w)	Moschee
bábina (w), **tríto rjat** (w)	Namensgebung eines Kindes (bei den Moslems)
kirvó, **kúmo**	Pate, Taufpate
rašáj*, **pópo**	Pfarrer, Priester
relígija (w), **díni**	Religion, Glaube
moxtó, koporšóvo*, **tabúti**	Sarg
bezéx (w)	Sünde
keráv bezéx (**kerél, kerdém** ˜)	sündigen
beng, bivužó*	Teufel
pomána* (w), **džanlúko**	Totenfeier, Leichenschmaus
bolipé	Taufe
boláv (**bolés, boldém**) *eintunken*	taufen

Bemühen Sie sich, bei islamischen Roma Gegenstände oder Einrichtungsgegenstände nicht zu sehr zu loben, da sich der Gastgeber sonst gezwungen sieht, sie Ihnen zu schenken. Einen hohen Stellenwert hat auch die Angst vor dem „bösen Blick“. Offene Haare ziehen beispielsweise diese negative Energie an, deswegen tragen die Frauen Kopftücher.

Neugeborene darf man außerdem nicht zu sehr loben, besser man sagt (scherzend):

So béti čavó/čhaj, te xljav tu!
was hässlich Junge/Mädchen, dass scheiße(-ich) du-4
Was für ein hässliches Kind, ich scheiße auf dich!

Dazu spuckt man das Kind andeutungsweise an und steckt ihm Geld unter das Kissen.

Natürlich haben die Roma auch noch ihre eigenen Bräuche, die ihrer Meinung nach übrigens nicht den Weltreligionen widersprechen. Viele dieser Bräuche gehen auf die voreuropäische Zeit zurück und sind stark vom indischen Shivaismus geprägt. Hierzu zählt vor allem der hohe Stellenwert der Fruchtbarkeit und der Ahnenkult, aber auch der stark verbreitete Glaube an Magie.

***Kirvó** oder **kúmo** (Pate) ist bei den Moslems gleichbedeutend mit dem Namensgeber, während es bei den Christen den Taufpaten benennt. Im Leben eines jeden Rom spielt der **kirvó** oder **kúmo** eine sehr wichtige Rolle, so wird er beispielsweise um Rat gefragt und in schwierigen Situationen um Hilfe gebeten.*

kerimáta (Mz)	Hexerei, Magie
čoxanipé	Hexerei, Zauberei
čoxaní (w), **čadíja** (w), **štríga** (w)	Hexe
muló	Toter, Geist
šukarní (w), **períja** (w), **vursitórka*** (w)	Fee, Schicksalsfee

Kačá [akajá] amalíja te arakhél te čavés bilačhimástar!
diese Amulett(w) dass schützt dein(g) Kind-4 Schlechte-5
Dieses Amulett soll dein Kind vor dem Bösen bewahren!

Unterwegs im „Land der Roma“

In allen Ländern Südosteuropas finden sich große und kleine Roma-Siedlungen (**romanó than** oder **mahála**), in denen das traditionelle Leben oft noch intakt ist. Wenn Sie als Fremder in eine solche Siedlung kommen, sollten Sie umgehend Kontakt mit den Einheimischen aufnehmen, um nicht als unerwünschter Eindringling zu gelten. Sprechen Sie möglichst viel Romani und zeigen Sie dadurch, dass Sie echtes Interesse an den Menschen haben und nicht in „böser Absicht“ kommen.

Zeigen Sie beim Besuch einer Roma-Siedlung nicht zu viel Neugier. Tragen Sie Fotoapparate und Filmkameras nicht sichtbar, um nicht die Intimsphäre der Menschen zu verletzen. Beim Fotografieren ist generell vorher um Erlaubnis zu fragen.

Trajíl o Del tji bax, phén-ta mánge, sar šaj avàv ándo gáv, ka si pašé?*
lebt der Gott dein Glück(w), sag-! ich-3, wie können komme(-ich) in Dorf, zu ist nahe
Sag mir bitte, wie ich in das nächste Dorf komme.

Ingerél kadí vúlica ži ánde Šútka?
führt diese Straße(w) bis in(w) Šutka
Führt diese Straße nach Šutka?

Sar bušól tumaró than?
wie heißt euer Ort
Wie heißt eure Siedlung?

Mothó mánge váreso pa tumaró trájo kathé.*
Mothó mánge néšto katár tumaró džuvdipé kathé.
sag! ich-3 etwas über euer Leben hier
Erzähl mir etwas über euer Leben hier.

Bešén kathé núma [sámo] **Romá?**
wohnen(-sie) hier nur Roma
Leben hier nur Roma?

Tumé katár trajín [dživéna]**?**
ihr woher lebt(-ihr)
Wovon lebt ihr?

Kon si kathé o šéfo?
wer ist hier der Chef
Wer ist hier der Chef?

In den meisten Fällen wird der Besucher zuerst in Kontakt mit den Kindern der Siedlung kommen.

Kamáv te dav dúma tje dadésa.*
Mangáv te keráv láfi te dadésa.
möchte(-ich) dass gebe(-ich) [mache(-ich)] Wort dein(g) Vater-7
Ich möchte mit deinem Vater sprechen.

Die Mehrzahl der Roma lebt bescheiden, dafür sind sie aber immer gastfreundlich. Dennoch gibt es bei den verschiedenen Gruppen unterschiedliche Regeln, einen Fremden zu empfangen, und natürlich kann es da manchmal zu Missverständnissen kommen. In diesem Fall sagt man am besten:

Amé čí kamlám [na manglám] **te xoljarás tu/tumé.**
wir nicht wollten(-wir) [nicht baten(-wir)] dass erzürnen(-wir) du-4/ihr-4
Wir wollten dich/euch nicht beleidigen.

Améndе naj [nané] **kasavó** [asavkó] **zakóno!**
wir-6 nicht-ist so-einer Regel
Bei uns gibt es nicht solche Regeln!

Šutka ist der Name der wahrscheinlich größten Roma-Siedlung der Welt (40-50.000 Einwohner). Es handelt sich um einen Distrikt von Skopje in Makedonien. Šutka verfügt über einen eigenen Bürgermeister (natürlich ein Rom) sowie eigene Radio- und Fernsehsender, die Programme auf Romani ausstrahlen. Weitere große Roma-Siedlungen sind beispielsweise Stari Fakultet und Filipovci in Bulgariens Hauptstadt Sofia.

Die Ablativendung **-tar** *kann auch an Verformen gehängt werden und bedeutet dann meist: aus, her oder weg. Z. B.:* **žáv -tar** *„ich gehe weg“*

Žá-tar túke so máj-sigo [pó-sigo] **kathár!**
geh!-weg du-3 was mehr-schnell hier-5
Verlasse sofort unsere Siedlung!

Fájma_máj-feder si [Búri pó-šukar si]**,**
te žás-tar túke akaná!
vielleicht mehr-besser ist, dass gehst-weg du-3 jetzt
Es ist wohl besser, wenn du jetzt gehst!

Für einen Gadscho ist es nicht einfach, in die Kreise der Roma aufgenommen zu werden. Wer es aber dennoch schafft, das Vertrauen zu gewinnen, dem eröffnen sich ungeahnte Möglichkeiten in diesem äußerst interessanten Umfeld.

Vorsicht! Grundsätzlich verstehen die meisten Roma die Begriffe **amál** *und* **amalní** *als „Freund“ bzw. „Freundin“. Bei den Kalderasch allerdings beziehen sie sich nur auf eine sexuelle Beziehung. Bei neutraler Freundschaft sollte man hier unbedingt die Wörter* **vortáko** *und* **vortakínja** *wählen.*

bába (w), **phúri dej** (w)	alte weise Frau
amál, vortáko*	Freund
amalní (w), **vortakínja*** (w)	Freundin
phirjaséngo	Spaßmacher, Witzbold
diló	Verrückter (kann auch ein Gadscho sein)
drabarní (w)	Wahrsagerin
čoxaní (w)	Hexe (auch eine alte unangenehme Frau)
čhavorá	Kinder
lubní (w), a.: **kúrva** (w)	Prostituierte (auch Schimpfwort für eine Gadschi)
šingaló*	Gehörnter, Polizist

Bei diesem breiten Repertoire ist es als Fremder nicht verkehrt, folgende Frage zu stellen.

Kon si kon kathé?
wer ist wer hier
Wer ist hier wer?

Gut ist es auch, von Anfang an Folgendes klarzustellen:

Amé či sam Romá, núma či sam či šingalé!*
wir nicht sind(-wir) Roma, aber nicht sind(-wir) nicht Gehörnte
Wir sind zwar Gadsche, aber keine Polizisten!

In den Balkan-Dialekten würde man eher folgenden Satz sagen:

Amén na sjam Romá, áli tuménge sáde mangása šukaripé.
wir nicht sind(-wir) Roma, aber ihr-3 nur bitten(-wir) Schönheit
Wir sind zwar keine Roma, aber wir wünschen euch nur Gutes.

Großzügig und offenherzig, wie die Roma sind, wird man Ihnen darauf antworten:

No te si kodó kadjá [No te si ájkar], avén te pjas khetané jek rakíja!
na wenn ist jener so, kommt(-ihr) dass trinken(-wir) zusammen eins Schnaps(w)
Na wenn das so ist, kommt und lasst uns zusammen einen Schnaps trinken!

Šingaló *(wörtlich: „Gehörnter“, gebildet vom Wort* **šing** *„Horn“): Früher hatten Polizisten Helme mit Hörnern, daher bezeichnet dieser Ausdruck bei den Vlach-Gruppen den „Polizisten“. Er steht aber auch für jemanden, dem seine Frau Hörner aufsetzt, das heißt, ihn mit jemandem anderen betrügt.*

nach dem Weg fragen

Die wichtigsten Richtungsangaben stehen in der rechten inneren Umschlagklappe.

Šaj jertís [afetiné mánge] **kaj si o pjáco?**
können verzeihst(-du) [verzeihe! ich-3] wo ist der Markt
Verzeihung, wo ist der Markt?

Ža vórta taj pála kodjá bólde pe stíngo rig! *
Ža právo, palál iriné ki lévo rig.
geh! geradeaus und nach so [danach] drehe! [zurückgeh!] auf linke Seite(w)
Geh geradeaus und bieg dann nach links ab!

Ketjí dur si lo kathár?
wieviel weit ist er hier-5
Wie weit ist er von hier?

Phén-ta mánge, kaj šaj kináv manró.
sag-! ich-3, wo können kaufe(-ich) Brot
Sag mir bitte, wo ich Brot kaufen kann.

mit öffentlichen Transportmitteln ...

Bei den öffentlichen Transportmitteln macht es wenig Sinn, Romani zu sprechen, da kaum ein Rom in diesen Bereichen arbeitet. Hier dennoch einige Fragen, die im Gespräch mit Roma wichtig sein können.

Kaj kam arakháv kathé jek táksi/búso?
wo ZUK finde(-ich) hier eins Taxi/Bus
Wo bekomme ich hier ein Taxi/einen Bus?

Si te žav kaj stánica.
ist dass gehe(-ich) wo Bahnhof(w)
Ich muss zum Bahnhof.

Šaj akharés [vikinés] **mánge jek táksi?**
können rufst ich-3 eins Taxi
Kannst du mir ein Taxi rufen/bestellen?

Žal akatár jek vózo karíng Bukuréšti?
geht(-er) hier-5 eins Zug nach Bukarest
Gibt es von hier einen Zug nach Bukarest?

Kána žál-tar o búso karíng Nóvi Sad?
wann geht(-er)-weg der Bus nach Nóvi Sad
Wann fährt der Bus nach Nóvi Sad?

Ketjí kilométre si akatár žíka Niš?
wieviel Kilometer ist hier-5 bis Niš
Wie viele Kilometer sind es von hier nach Niš?

Kaj šaj kináv o biléto?
wo können kaufe(-ich) der Fahrkarte
Wo kann ich die Fahrkarte kaufen?

Ketjí vrjáma [vákti] lel o drom?
wieviel Zeit nimmt(-er) der Weg
Wie lange dauert die Fahrt?

Baxtaló drom!
glücklich Reise
Gute Reise!

búso, autobúso	Bus
avlóno, repclóvo	Flugzeug
táksi	Taxi
vózo, vonáto	Zug
biléto	Fahrkarte
stánica (w), **gára** (w), **alomáši**	Bahnhof
éroporto	Flughafen
stánica (w)	Haltestelle
inkjláv (inklél, inklistém)	einsteigen
huljáv (huljél, hulistém)	aussteigen
kúferi	Koffer
bagáža (w)	Gepäck
drom	Reise
žav po drom (žal, gelém ˜)	verreisen

Stánica *bezeichnet den „Bahnhof“ in Serbien, Mazedonien und in Bulgarien. In Rumänien hingegen hört man wohl eher* **e gára** *und in Ungarn* **o alomáši.**

Verreist jemand für längere Zeit, wünscht man ihm:

Baxtaló tjo drom, sastimása ža, sastimása t' avés pálpale!
glücklich deine Reise, Gesundheit-7 geh!, Gesundheit-7 dass' kommst zurück
Mögst du gesund verreisen und genauso gesund wieder zurückkommen!

unterwegs mit Roma

Entgegen aller Vorstellungen waren die Roma nicht überall Nomaden. Vor allem die moslemischen Xoraxané Romá bildeten z. B. im Kosovo bereits seit dem 14. Jahrhundert Berufszünfte und waren somit schon damals sesshaft. Viele Roma in anderen Regionen Europas wurden oft durch ihre Metiers und die Verfolgung zum Nomadentum gezwungen.

Kamáv [mangáv] te žav ándo gav kaj si pašé.
möchte(-ich) [bitte(-ich)] dass gehe(-ich) in Dorf wo ist nahe
Ich möchte ins nächste Dorf.

Kaj žan túme?
wo geht(-ihr) ihr
Wohin fahrt ihr?

Kodó ačhél pe mo drom.
jener bleibt(-er) auf mein Weg
Das liegt auf meinem Weg.

Šaj avás tuménca?
können kommen(-wir) ihr-7
Können wir euch begleiten?

Phrála, čumídav tjo iloró, šaj ingerés ma žíkaj stánica?
Bruder, küsse(-ich) dein Herzlein, können hinbringst(-du) ich-4 bis-die Bahnhof
Kannst du mich bis zum Bahnhof mitnehmen, Bruder?

Seit den späten 60er-Jahren findet man am Balkan allerdings kaum mehr fahrende Roma.

O Del túsa, na tráde [ma pálde] **kadjá sígo!**
der Gott du-7, nicht fahr! [nicht fahr!] so schnell
Bitte fahr nicht so schnell!

Šaj kathé te huljarés ma.
können hier dass rauslässt(-du) ich-4
Du kannst mich hier aussteigen lassen.

vurdón, aúto	Auto, Wagen
kamióno	Lkw
táliga (w)	Karren (1-achsig)
gras, grast	Pferd
grastésko vurdón	Pferdewagen
kámpingo	Wohnwagen

selbst am Steuer

Kaj arakháv kathé jek benzinóski púmpa/benzíno?
wo finde hier eins Benzin-2 Pumpe(w)/Benzin
Wo gibt es hier eine Tankstelle/Benzin?

Ingerél kadó drom ži ándo Skópje?
führt(-er) dieser Weg bis in Skopje
Führt diese Straße nach Skopje?

Karíng ingerél kadí kirárja [dromoró]**?**
wohin führt(-sie) diese Weglein(w) [Weglein(m)]
Wohin führt dieser Feldweg?

Unterwegs im „Land der Roma“

Si ma problémo me vurdonésa.
ist ich-4 Problem mein(g) Wagen-7
Ich habe ein Problem mit meinem Wagen.

Si maškár tuménde várekon kaj hatjarél pe vurdonénca?
ist zwischen ihr-6 irgendwer was fühlt(-er) sich auf Wagen(Mz)-7
Gibt es bei euch jemanden, der sich mit Autos auskennt?

Šaj lačharés mo vurdón?
können verbesserst(-du) mein Wagen
Können Sie mein Auto reparieren?

O motóri či žal.
der Motor nicht geht(-er)
Der Motor funktioniert nicht.

Ker kontróla o vuléj taj o pají!
mach! Kontrolle(w) der Öl u. der Wasser
Überprüf Öl und Wasser!

O motóri prja but tatjól.
der Motor zu viel heiß-wird
Der Motor läuft heiß!

Si ma bájo a rotása.*
ist ich-4 Problem die(g) Rad-7
Ich habe eine Reifenpanne!

O tekerléko/tóčako si rumimé.
der Reifen ist kaputt
Ich habe eine Reifenpanne!

Trajíl o Del tji bax, ažutisár mánge!*
lebt(-er) der Gott dein Glück, hilf! ich-3
Bitte hilf mir!

Av asavkó lačhó, ker mánge jardími!
sei so gut, mach! ich-3 Hilfe
Bitte hilf mir!

Übernachten

Natürlich gibt es in den Roma-Siedlungen Südosteuropas oftmals keine touristisch ausgerichtete Infrastruktur, und somit findet man gelegentlich weder Hotels noch Pensionen. Wer in einer solchen Siedlung übernachten möchte bzw. muss, ist gezwungen, privat unterzukommen. Es ist von vielen Faktoren abhängig, wie einfach oder kompliziert es sein kann, einen Schlafplatz zu finden. Wer bereits Freunde oder Bekannte hat, der wird sicherlich eingeladen, über Nacht zu bleiben.

Mit einem Smartphone können Sie sich die mit einem ℈ gekennzeichneten Sätze dieses Kapitels anhören.

℈ **Kamáv te dav dúma** [Mangáv te kerávláfi] **e manušésa, kaj si o šerutnó e gavésko.**
möchte(-ich) dass gebe Wort [bitte(-ich) dass mache Wort] der(g) Mann-7, welcher ist der Vorsteher der(g) Dorf-2
Ich möchte mit dem Dorfchef sprechen.

O búso ži ánde Cluj Napóca gelás-tar bi amaró, či reslám pe vrjáma.
der Bus bis in(w) Cluj Napoca ging(-er)-weg ohne unser, nicht ankamen(-wir) auf Zeit(w)
Wir haben unseren Bus nach Cluj Napoca verpasst.

Adjés naj [Adivés nané] **amé maj** [po] **but šánsa te trádas-tar kathár.**
heute nicht-ist wir-4 mehr sehr Chance dass fahren(-wir)-weg hier-5
Wir kommen heute hier nicht mehr weg.

Es ist immer eine gute Idee, sich an die Dorfchefs zu wenden und ihnen das Anliegen zu erklären. Je nach Region und Gruppe kann es dann zwischen „kein Problem" und „unmöglich" so ziemlich jede erdenkliche Antwort geben. Wichtig ist auf jeden Fall ein seriöses Auftreten.

Übernachten

Gerade in Dörfern sollte man nicht zu viel erwarten. Die Menschen sind oft unvorstellbar arm und schämen sich, dem Gast etwas Unkomfortables zumuten zu müssen. Roma haben keine „Berührungsängste“ und so kommt es nicht selten vor, dass eine ganze Großfamilie nur in einem Raum schläft.

Si jek šánsa te ratjarás kathé?
ist eins Chance dass übernachten(-wir) hier
Gibt es eine Möglichkeit, hier zu schlafen?

Šaj ratjaráv túte/tuméndе?
können übernachte(-ich) du-6/ihr-6
Kann ich bei dir/euch übernachten?

Či ródas či sósko komfórto.*
nicht suchen(wir) nicht was-2 Komfort
Wir sind nicht anspruchsvoll.

Nané aménge lazími nísavo luksúso.
nicht-ist wir-3 notwendig gar-kein Luxus
Wir sind nicht anspruchsvoll.

Aménge čí trobúl páto, aménge resél vi pe'l sulumá te sovás.*
wir-3 nicht braucht(-er) Bett, wir-3 reicht(-sie) auch auf'die Stroh(Mz) dass schlafen(-wir)
Wir brauchen kein Bett, uns reicht ein bisschen Stroh.

Aménge nané lazími krevéto, reséla aménge ki phus te sovás.
wir-3 nicht-ist notwendig Bett, reicht(-er) auf Stroh dass schlafen(-wir)
Wir brauchen kein Bett, uns reicht ein bisschen Stroh.

Me sováv kajgódi mištó.* **[Me sováva kaj te si lačhés.]**
ich schlafe(-ich) überall gut(U)
[ich schlafe(-ich) wo dass ist gut(U)]
Ich schlafe überall gut!

Wer ein eigenes Zelt hat, kann auch fragen, ob er es in der Siedlung aufstellen kann.

In Hotels wird selbstverständlich kein Romani gesprochen. Kenntnisse in der jeweiligen Landessprache können hier hilfreich sein.

Šaj te anzarás amarí céra kathé?
können dass aufbauen(-wir) unsere Zelt(w) hier
Können wir unsere Zelte hier aufstellen?

Sar te na, gindív [mislív] **ke amaré žukelá či xan pe!**
wie dass nicht, denke(-ich) dass unsere Hunde nicht essen(-sie) sich
Natürlich, wir werden uns schon nicht streiten! (wörtlich: „unsere Hunde werden sich nicht fressen")

Žanés jek lačhó hotélo ándo fóro [ánde dis]**?**
weißt(-du) eins gut Hotel in-der Stadt [in-die Stadt(w)]
Kennen Sie ein gutes Hotel in der Stadt?

sóba (w)	Zimmer
kíja* (w), kljúčo	Schlüssel
páto*, krevéto	Bett
papláno*, **kápa*** (w), **cólo***, čéba (w)	Decke
patóski fáca* (w), čaršáfo	Laken
šeránd	Kopfkissen
najimáski sóba (w), **bánjo**	Badezimmer
dúšo	Dusche
toaléto	Toilette
papíri pála toaléto, **xrtíja pála toaléto** (w)	Klopapier
lámpa (w)	Lampe
kat (w)	Schere

strúja (w), eléktriko	Strom
sapúj	Seife
khosnó, peškíri	Handtuch
šudró pají, šudró paní	Kaltwasser
tató pají, tató paní	Warmwasser
thav ma, thováv ma (thol pe, thodém ma)	sich waschen
užó	sauber
melaló	schmutzig

Kaj šaj te thováv ma?
wo können dass wasche(-ich) ich-4
Wo kann ich mich waschen?

Si tumé tató pají [paní]?
ist ihr-4 warm Wasser
Gibt es warmes Wasser bei euch?

Ob es notwendig ist, dem Gastgeber etwas zu zahlen, sollte man selber je nach Situation entscheiden. Grundsätzlich eignen sich Gebrauchsgegenstände, Lebensmittel oder Schnaps eher als Geld!

Ketjí kamáv túke?
wieviel möchte(-ich) du-3
Wie viel bin ich Ihnen schuldig?

Kodolé prezentósa kamáv te najisaráv túke!*
dieser(g) Geschenk-7 möchte(-ich) dass danke(-ich) du-3
Ich möchte Ihnen dieses Geschenk als Dankeschön überreichen!

Adavá prezénto mukáva tuménge!
dieser Geschenk lasse(-ich) ihr-3
Ich möchte euch mit diesem Geschenk danken!

Essen & Trinken

Das Essen und Trinken gehört bei den Roma zu den großen Freuden des Alltags. Da man gewöhnt ist, mit vielen Menschen zusammen zu sein, versteht es sich von selbst, dass immer reichlich gekocht wird. Man isst grundsätzlich das, was gerade vorhanden ist, und unterscheidet nicht so streng zwischen leichten und schweren Gerichten. Die Küche der Roma ist dabei so vielfältig wie die verschiedenen Gruppen, und dennoch gibt es ein paar Gemeinsamkeiten.

Roma unterscheiden nicht so streng zwischen Frühstück, Mittag- und Abendessen. Man isst einfach, wenn man Hunger hat ...

Kamáv [mangáv] **te xav váreso** [néšto], **but bokhajlém.**
möchte(-ich) [*bitte*] *dass esse(-ich) etwas, sehr hungrig-wurde(-ich)*
Ich möchte etwas zu essen, (denn) ich bin sehr hungrig.

Si tu váreso [néšto] **xamáske/pimáske?**
ist du-4 etwas essen-3/trinken-3
Haben Sie etwas zu essen/trinken?

Bokhajlém.
hungrig-wurde(-ich)
Ich habe Hunger.

Trušájlem.
durstig-wurde(-ich)
Ich habe Durst.

Die Essgewohnheiten der verschiedenen Roma-Gruppen sind sehr unterschiedlich, doch galt bis vor kurzen bei fast allen Gruppen eine Speise als typische „Nationalspeise“, nämlich Igel. Erst in jüngster Zeit beginnen manche, sich dafür zu schämen, und leugnen diesen Brauch.

Zur Zubereitung gibt es eigene Techniken, um die Stacheln von der Haut des Igels zu lösen: Manche Köche pumpen den getöteten Igel mit einer Fahrradpumpe auf und schaben ihn mit einem Messer, bis sich die Stacheln lösen. Die traditionelle Methode ist, den Igel als ganzes in Lehm zu packen und in dieser Form direkt im Feuer zu garen. Der Lehm wird im Feuer gebrannt und hart. Die Stacheln bleiben fest darin stecken und lösen sich leicht aus dem innen weichgekochten Fleisch.

Fleisch

In der Roma-Küche gibt es eine Menge auszuprobieren, dazu gehören in erster Linie Fleischgerichte.

mas	Fleisch
masá	Fleischarten
mačhó	Fisch
khajní (w)	Hähnchen
cúmpo la khajnjáko	Hähnchenschenkel
kókalo, kókala (Mz)	Knochen
kókala masésa	Fleischknochen (für Suppe)
papín (w)	Gans
kanraló baló, bórzo*, aríč*, [jéžo]	Igel
bakrišó	Lamm
bakró	Hammel
gurúv	Rind
baló	Schwein
bališó	Spanferkel
buzní (w)	Ziege
prašavé	Rippchen
khajnjáke phaká	Hühnerflügel

šónko	Schinken
goj (w)	Wurst
čamb	Schweineschwarte
peké čambá	gebratene Schweineschwarte
thuló mas	Speck

Bei fast allen Gruppen ist der Stellenwert von Fleisch sehr hoch. Roma sind im Allgemeinen keine Vegetarier! Sie sind übrigens ausgesprochene Spezialisten im Braten am Spieß.

Sar tu getís e aričés?*
wie zubereitest der(g) Igel-4
Wie bereitest du den Igel zu?

Te jertís, či xav balikanó mas.*
dass verzeihst, nicht esse(-ich) schweinisch Fleisch
Verzeih, aber ich esse kein Schweinefleisch.

bakranó mas	Hammelfleisch
balikanó mas	Schweinefleisch
guruvanó mas	Rinderfleisch
buznanó mas	Ziegenfleisch
khajnáko mas	Hühnerfleisch

Ein Essen ohne Fleisch gilt als unvollständig, ja sogar als Armutszeugnis. Zugleich wird bei vielen traditionellen Gruppen, z. B. den Kalderasch, der Fleischgenuss bei aller Begehrtheit als etwas „Unreines" betrachtet, und es ist unerlässlich, sich bei Gesprächen über Fleischgenuss in der Vergangenheit mit einer formelhaften Wendung dafür zu entschuldigen:

Viele Speisegewohnheiten sind übrigens fest mit feierlichen Anlässen verknüpft. So ist es z. B. üblich, bei Hochzeiten eine große Zahl, oft bis zu 20 und mehr, Spanferkel am Spieß zu braten.

Te jertís, xalém mas/gojá.*
dass verzeihst, aß(-ich) Fleisch/Würste
Verzeih, ich aß Fleisch/Würste.

pekáv (pekél, peklém)	braten
pekó mas	gebratenes Fleisch
peké krompírja	Bratkartoffeln

So si kodó?
was ist jener
Was ist das?

So si sa ánde kodó xabé?
was ist alles in(g) jener Essen
Aus was besteht es?

Gemüse, Suppen & Co.

Oft waren die Roma gezwungen, die Ressourcen wildlebender Pflanzen zu nutzen. Daraus entwickelte sich bei fast allen Gruppen die Tradition, ubiquitäre Unkräuter, wie z. B. Brennnessel und Sauerampfer, zu sammeln und Spinat daraus zuzubereiten.

zelenimáta (Mz)	Gemüse
patližáno	Aubergine
céleri	Blumenkohl
fusúj	Bohnen
boraníje	grüne Bohnen
cignída (w)	Brennnessel
manró	Brot
čil, butéri	Butter
anró	Ei
xiríl, grávo	Erbsen
čikén	Fett
machéski zumí (w)	Fischsuppe
djiv	Getreide
krastavéco	Gurke
šargarépa (w), **morkój***	Karotte
krumpíri, phuvjalé (Mz)	Kartoffel
királ	Käse
šax	Kohl, a.: Kraut
zeveljá* (w/Mz)	Krammeln (gebratenes Schweinefett)
thuljardó šax	Kraut mit Speck
sárma (w)	Krautroulade
dudúm	Kürbis
pipárka (w)	Paprika
burjáca* (w) (Mz **burjáci**), **xuxumá** (Mz)	Pilz

xevíca (w), **meméliga*** (w)	Polenta (Maisbrei)
horézo	Reis
štávija* (w)	Sauerampfer
šax šukló	Sauerkraut
lópo*, špánač	Spinat
zumí (w)	Suppe
zumí šuklé prunénca (w)	Suppe, mit Pflaumen gesäuert
patližáno, paradičóma (w)	Tomate
purúm (w)	Zwiebel

Es ist ein ausgesprochenes Ammenmärchen, dass Roma schärfer essen als andere Balkanvölker. Man würzt sein Essen zwar gerne mit einer Messerspitze der jugoslawischen Ajvar-Sauce, aber dabei bleibt es dann meist auch.

Gewürze

šut	Essig
sir (w)	Knoblauch
vulój olivéngo	Olivenöl
vulój*, zetíno	Öl, Speiseöl
pibéri, loló pibéri	Paprika
ardéj*	Peperoni
pibéri, kaló pibéri	Pfeffer
lon	Salz
muštári, sénfo	Senf
skárca (w)	Zimt
cúkro, šekéri, zaháro	Zucker

Bei Mangel an bestimmten Ingredienzien sind die Roma genial im Improvisieren. Essig kann z. B. durch unreife Pflaumen **(šuklé prúni)** *ersetzt werden.*

Nachtisch

Praktisch in allen Ländern Südosteuropas werden köstliche Nachspeisen zubereitet, sei es durch das kulinarische Erbe der Osmanen oder den Einfluss der Habsburger. So findet man gleichermaßen Cremetörtchen, Krapfen,

Manche Roma-Gruppen sind wahre Meister im Zubereiten von Strudeln. Diese Strudel können mit allem gefüllt werden, was zur Verfügung steht, z. B. mit faschiertem Igelfleisch, Obst oder Gemüse. Kürbisstrudel sind besonders beliebt.

Palatschinken, aber auch Baklawa und andere piksüße Verführungen. Auch unter den Roma sind diese äußerst beliebt. „Je süßer desto besser“ scheint für viele das Motto zu sein, und so überrascht es nicht, dass Übergewicht ein echtes Problem ist. Trotzdem isst man diese Nachspeisen eher in Restaurants und Café-Häusern.

réteška* (w), **štrúdla** (w)	Strudel
phabajéngi réteška (w)	Apfelstrudel
duduméngi réteška (w)	Kürbisstrudel
kiraléski réteška (w)	Käsestrudel
maséski réteška (w)	Fleischstrudel
kirešéngi réteška (w)	Kirschstrudel
šaxéngi réteška (w)	Krautstrudel

Bei Roma zu Hause hingegen bekommt man in erster Linie Obst.

Obst

phabáj (w)	Apfel
marílica, kajsíja (w)	Aprikose
ambról	Birne
múra (w), **jágoda** (w)	Erdbeere
xorbuzó	Melone
kíreša (w)	Kirsche
pomarándža (w)	Orange
persíka (w), **šiftilíka** (w)	Pfirsich
prúna* (w), **šljíva** (w)	Pflaume
bostáno, lubénica (w)	Wassermelone
drakh (w), **drakhá** (Mz)	Weintrauben
limúno	Zitrone

Na, da bleibt nichts mehr zu sagen als:

T' avél sváko pravardó, zuraló taj baxtaló!
dass' wird(-er) jeder ernährt, stark und glücklich
Auf dass alle gut genährt, stark und glücklich sein mögen! *(sagt der Einladende)*

Töpfe & Geschirr

pirí (w)	Topf
xip, fedévo*	Deckel
pirostíja (w)	Dreifuß (zum Essenwärmen)
kakávi (w)	Kessel
tepsíja (w), **tigája*** (w), **táva** (w)	Pfanne
vásur* (Mz), **čaré** (Mz)	Geschirr
čaró	Schüssel, Teller
lijári	Teller
furkíca* (w), **víla** (w)	Gabel
čhurí (w)	Messer
roj (w)	Löffel
kučí (w)	Tasse
poháro*, gláža* (w), **taxtáj**	Glas (Trink-)
fláša (w)	Flasche

Wird man privat zum Essen eingeladen, werden grundsätzlich wesentlich mehr Speisen angeboten, als man eigentlich essen kann. Also bitte nicht bereits satt oder in Diät eine Roma-Familie besuchen! Es ist für den Gastgeber geradezu unhöflich, den Gast zu fragen, ob er essen will. Er stellt vielmehr ungefragt die Speisen auf den Tisch, und jeder bedient sich dann selbst. Es ist absolut unüblich in einem Roma-Haushalt, den Gästen auf den Teller zu servieren.

nichtalkoholische Getränke

pipé, pimáta (Mz)	Getränk
thud	Milch
čájo	Tee
káfa (w), **kavéja** (w)	Kaffee
bi cukrósko	ohne Zucker
cukrósa	mit Zucker
bi thudésko	ohne Milch
thudésa	mit Milch
pají, paní	Wasser
šukló pají	Mineralwasser
limonáda (w)	Limonade
ájran, matána (w)	Joghurtgetränk

Fast überall am Balkan trinkt man gerne und viel, und das ist auch unter den Roma nicht anders. Nicht selten verbrüdert man sich nach ein paar Gläschen mit den Tischnachbarn.

Alkohol

Es gilt als unhöflich, eine Einladung zu einem Schnaps oder Bier abzulehnen. Auch als Geschenk eignet sich die ein oder andere Flasche!

bíra (w), **píva** (w)	Bier
rakíja (w)	Schnaps
mol (w)	Wein
lolí mol (w)	Rotwein
parní mol (w)	Weißwein
mol tatí (w)	Glühwein
glaža (w), **fláša** (w)	Flasche
taxtaj, gláža* (w)	Glas
bírto*, mehána (w), **kírčima** (w)	Kneipe
matjuváv (**matjól, matjilém**)	sich betrinken
mató	betrunken

matjarnó, píjanica	Trinker, Säufer
matjarní (w)	Trinkerin, Säuferin
matipé	Besäufnis
čhádav (čhádel, čhaglém)	sich übergeben

Und wie schon ein altes Roma-Lied sagt:

Kána e parní mol pjav, sa bajúra keráv ...
wann die weiß Wein(w) trinke(-ich), alles Unfug mache(-ich)
Wenn ich Weißwein trinke, mache ich nur Unfug ...

... kána e lolí mol pjav, terné čheján kamáv!
... wann die rot Wein(w) trinke(-ich), kleine Mädchen-4 liebe(-ich)
... wenn ich Rotwein trinke, liebe ich junge Mädchen!

Zu jeder Tageszeit kann man hören:

Ájdi, pi aménca/mánca jek rakíja/jek taxtáj lolí mol!
los, trink! wir-7/ich-7 eins Schnaps/eins Glas rot Wein(w)
Trinke mit uns/mir einen Schnaps/ein Glas Rotwein!

Ájdi, te pjas váreso [néšto]**!**
los, dass trinken(-wir) etwas
Los, lass uns was trinken!

Kadí rakíja si but zuralí!
diese Schnaps(w) ist sehr stark
Dieser Schnaps ist sehr stark!

Na xoljavén, pe avér rúnda me mangáv tuménge!
nicht böse-seid!, auf andere Runde(w) ich bitte(-ich) ihr-3
Ich zahle die nächste Runde!

Na xoljáve, me či pjav álkoholo!
nicht böse-sei!, ich nicht trinke Alkohol
Sei nicht böse, ich trinke keinen Alkohol!

Weit diplomatischer ist es sicherlich, folgenden Satz zu sagen:

Bezéx, či tromáv te pjav álkoholo, ke lav drabá [iláči]!
Sünde, nicht darf(-ich) dass trinke(-ich) Alkohol, weil nehme(-ich) Medikamente
Leider kann ich keinen Alkohol trinken, weil ich Medikamente nehme!

Wichtig: Sprechen Sie bei jedem Glas einen Toast **(čoknipé)** *auf die anderen Anwesenden aus! Der Kreation von neuen Trinksprüchen sind keine Grenzen gesetzt.*

Phrála, pjav kadó taxtáj pipé ándo sastipé tja familjáko!
Bruder, trinke(-ich) dieser Glas Getränk in Gesundheit deine(g) Familie-2
Bruder, ich trinke dieses Glas auf die Gesundheit deiner Familie!

Síjas! Pe tjo sastipé!
Prost, auf dein Gesundheit
Prost! Auf deine Gesundheit!

Síjas, te trajís ánde buté beršénde!*
Prost, dass lebst in(g) viele(g) Jahre-6
Mögest du lange leben, Prost!

rauchen

Viele Roma „runden" das Essen mit einer Zigarette ab.

cigaréta (w), **thuvalí** (w)	Zigarette
brikéto, djujtóvo*	Feuerzeug
mašína* (w)	Streichhölzer
pjav duháno [tutúno] (**pel, pilém** ~)	rauchen
duháno*, tutúno	Tabak
nargíla (w)	Wasserpfeife (in der Türkei)
bogóvo*	Kautabak
ljuváva (w), **pípa** (w)	Pfeife
pjav pípa (**pel, pilém** ~)	Pfeife rauchen

Vorsicht! Auf Romani kann das Verb **pjav** (**pel, pilém**) *sowohl „trinken" als auch „rauchen" bedeuten.*

Kamés [mangés] **te pes cigaréta?**
möchtest(-du) [bittest(-du)] dass trinkst Zigarette
Willst du eine Zigarette rauchen?

Níči, najís čí pjav duháno!*
Na, ov sastó na pjav tutúno!
nein, danke nicht trinke(-ich) Tabak
Nein, ich rauche nicht!

Me pjav núma [sáde] **pípa!**
ich trinke(-ich) nur Pfeife
Ich rauche nur Pfeife!

Kaufen & Handeln

Roma sind äußerst geschäftstüchtig. Das Handeln ist üblich und eine alte Tradition und echte Kunst, und – ehrlich gesagt – wird jemand, der nicht handelt, als **diló gažó** (dummer Gadscho) angesehen. Allgemein gültige Regeln, wie man sich beim Handeln zu verhalten hat oder wie viel Nachlass man verlangen kann, kann man nicht aufstellen. Hier nur ein paar Tipps:

Handeln ist auch mit Humor und „Theaterspielen" verbunden. So kann man Witze machen und sich originelle Gründe einfallen lassen, um etwas billiger zu bekommen. Auch Weggehen hilft oft, denn dann wird man vom Verkäufer zurückgerufen.

Verlieren Sie nie die Geduld, bleiben Sie freundlich und kaufen Sie nicht sofort beim Erstbesten! Handeln ist ein Spiel, bei dem letztendlich beide Verhandlungspartner den besten gemeinsamen Nenner erzielen wollen. Fragen Sie ruhig zuerst nach dem Befinden des Verkäufers, und plaudern Sie möglichst viel mit ihm auf Romani, damit er erkennt, dass Sie sich auskennen und nicht leicht „über den Tisch zu ziehen" sind.

Kamáv [mangáv] **te kináv ...**
möchte(-ich) [bitte(-ich)] dass kaufe(-ich)
Ich möchte ... kaufen.

Xav tjo iló, sikáv mánge ...!
esse dein Herz, zeig! ich-3
Zeig mir bitte ...!

Ketjí kerél kadó?
wieviel macht(-er) jener
Wie viel kostet das?

Ketjí mol kodó?
wieviel wert-ist(-er) jener
Wie viel ist das wert?

Féri biš Éuro.

Nur 20 Euro.

Mo?! So si kodjá, naj [nané] ma miljónur.
Mann, was ist dieser nicht-ist ich-4 Millionen
Was?! Ich bin doch kein Millionär!

Na! Khelavés ma! Na diljár!
nein, veralberst(-du) ich-4, nicht verrückt-sei!
Nein! Du hältst mich zum Narren!
Spiel nicht verrückt!

Patjivaló manúš san!
ehrenhaft Mann bist
Du bist doch ein ehrenhafter Mann!

Na phrála, sa nevó si!
nein Bruder, alles neu ist
Nicht doch mein Bruder, das ist brandneu!

Prja but ródes!
zu viel verlangst
Du verlangst zu viel!

Naj ma kaditjí lové!
nicht-ist ich-4 so-viel Geld(w)
Ich habe nicht so viel Geld!

Prja kuč [skúpo] si!
zu teuer ist
Das ist zu teuer!

Kadí céna naj maladí!
diese Preis nicht-ist angemessen(w)
Dieser Preis ist nicht angemessen!

Ker mánge lačhí céna!
mach! ich-3 gut Preis(w)
Mach mir einen guten Preis!

Kadó but lézno [jéftino] si!
dieser sehr billig ist
Das ist sehr billig!

Viele Verkäufer werden von Gadsche zuerst hohe Preise verlangen. Sehen Sie das nicht als Bösartigkeit an, sondern zeigen Sie, dass Sie Bescheid wissen, und handeln Sie, was das Zeug hält, ohne das Ganze zu ernst zu nehmen.

Unter **predimós** *versteht man einen weiteren Gegenstand, der praktisch als geschenkte Zugabe zum ausgehandelten Preis gegeben wird.*

Éta mištó, le kadalá deš-u-pánž Éuro taj de mánge kodó gad predimós!
also gut, nimm! diese zehn-und-fünf Euro und gib! ich-3 jener Hemd „Geschenk"
Also gut, hier nimm 15 Euro und gib mir noch das Hemd dazu!

Mištó, dav tu pe deš-u-pánž, ke dikháv ke lačhó manúš san!
gut, gebe(-ich) du-4 auf zehn-und-fünf, weil sehe(-ich) dass gut Mensch bist
O. K., 15, aber nur weil du's bist!

kináv (**kinél, kindém**)	kaufen
bikináv (**bikinél, bikindém**)	verkaufen
dikháv (**dikhél, dikhlém**)	anschauen
hurjaváv (**hurjavél, hurjadém**)	anziehen
zumaváv* (**zumavél*, zumadém***), **probináv** (**probinél, probindúm**)	anprobieren
ródav (**ródel, rodém**)	suchen
sikaváv (**sikavél, sikadém**)	zeigen
céna (w)	Preis
bazári	Markt (a.: Floh-)
bólta* (w), **balamó***, **dučáno**	Laden, Geschäft
gázda	Ladenbesitzer
predimós*	Zugabe, Geschenk

Kumpánija – die Wirtschaftsgemeinschaft

Wenn mehrere Roma-Familien (4–20) sich zusammentun, um gemeinsam etwas zu erzeugen und/oder zu verkaufen, so spricht man von einer **kumpánija.** Es handelt sich um eine Art Wirtschaftsgemeinschaft, bei der die Einkünfte meist geteilt werden, die sich aber immer wieder auflöst und neu zusammensetzt. Vor allem in der Welt der Kalderasch ist dieser Begriff entstanden und noch heute lebendig, auch wenn die heutige Gesellschaft viel weniger Chancen zur Bildung von solchen Gemeinschaften bietet.

So zogen etwa noch bis vor 20 Jahren Kalderasch-Familien in Serbien und Rumänien gemeinsam mit ihren Kupferkesseln durch das Land. Man übernachtete auf einem gemeinsamen Lagerplatz in Zelten. Die umliegenden, zu besuchenden Dörfer wurden aufgeteilt, am Morgen brach jeder in das ihm zugeteilte Dorf mit seiner Ware auf. Am Abend traf man sich am gemeinsamen Lagerplatz, um das Geld zu teilen. Wenn alle Dörfer besucht waren, zog man weiter zum nächsten Lagerplatz.

Wenn alle Kessel verkauft waren, ging jeder wieder in sein Dorf zurück. Die **kumpánija** löste sich auf, und eine neue konnte sich bilden, oft mit neuen Familien, oft auch mit den alten, schon bewährten.

Maße & Gewichte

grámo (Mz **grámur**)	Gramm
kíla (w) (Mz **kíle**)	Kilogramm
lítra (w) (Mz **lítre**)	Liter
métra (w) (Mz **métre**)	Meter
kilométra (w) (Mz **kilométre**)	Kilometer

jek kíla phabajá
eins Kilo Äpfel
ein Kilo Äpfel

biš lítre benzíno
zwanzig Liter Benzin

Waren

Schmuck

Viele Roma, vor allem die Lovara, sind für ihren ausgeprägten Hang zu Schmuck bekannt. Je mehr es funkelt und glitzert, desto besser fühlen sich Männer und Frauen!

čérčelo	Anhänger, Medaillon
koró, brusléto	Armreif
bróša (w)	Brosche
kuč bar, diamánto, briljánto	Edelstein
lánco pála punró	Fußkette
sumnakáj	Gold
gálbeno* (Mz **gálbi**)	Goldmünze, Dukate
ógrlica (w), **meriklí** (w)	Halskette
lánco	Kette
xárkuma (w)	Kupfer
nakhéski angruští (w)	Nasenring
zlág* (w), **čen** (w)	Ohrring
bíseri, mirikló	Perle
angrušti (w)	Ring
simadží* (w), **nákito**	Schmuck
škatúlka (w)	Schatulle
rup	Silber

Kleidung & Co.

kuštík (w), **brečinári***	Gürtel
gad	Hemd
kálca (w)	Hose
stadjí (w), **kolópo***, **baleríja*** (w)	Hut
jákna (w)	Jacke
kanglí (w)	Kamm
cóxa* (w), **anteríja** (w)	Kleid, a.: Rock
dikló, **šamíja** (w)	Kopftuch
lolipé	Lippenstift
raxámi*, **thalík*** (w), **zubúno***, **mantíli**	Mantel
móda (w)	Mode
šmínka, **lolipé**	Schminke
kretínca* (w)	Schürze
telunó gadá	Unterwäsche

Farben

fárba (w), **bója** (w)	Farbe
víneto*, **plávo – zéleno**	blau – grün
melaxnó, **káfeno**	braun
gálbeno*, **žúto**	gelb
súro*, **sivo**	grau
oránž	orange
róza – loló	rosa – rot
kaló – parnó	schwarz – weiß

Kunsthandwerk & Typisches

patréto*, **fenkípo***, **slíka** (w)	Bild
kórpa (w), **kóžnica*** (w), **sevlí** (w)	Korb
khoró	Krug
muzikáko instruménto	Musikinstrument
samovári	Samowar
čájniko	Teekanne
cólo*, **ponjáva*** (w), **tépixo**	Teppich

Geld

Materieller Erfolg ist bei den Roma sehr wichtig, deswegen spielt das Geld eine besondere Rolle in ihrem Leben. Wer Geld hat, hat es geschafft und wird von allen übrigen in der Gruppe respektiert und geschätzt. Wer jedoch arm ist, wird immer versuchen, zu etwas Reichtum zu kommen, bzw. wird er sich sogar bemühen, nach außen hin reich zu erscheinen.

Das Wort **lové** *(Geld) wird nur in der Mehrzahl benutzt;* **lov** *bezeichnet nur in den Vlach-Dialekten die Münze.*

lové (Mz)	Geld
lov*	Münze
xurdé lové (Mz)	Kleingeld
pajalé* (Mz)	Dollar (eigentlich „die Wässrigen“)

Das Geld hat außerdem eine Menge umgangssprachlicher Bezeichnungen, die alle in der Mehrzahl benutzt werden. Zu den wichtigsten gehören **xindalé** („Geschissene“), **džuvá** („Läuse“), **likhá** („Lauseier, Nissen“), **astalé, sajá** oder **cípe.**

Naj [nané] **ma lové.**
nicht-ist ich-4 Gelder
Ich habe kein Geld.

Čorré sam.
arm(Mz) sind(-wir)
Wir sind arm.

Des ma vužilé lové?*
gibst ich-4 geliehen Gelder
Leihst du mir Geld?

Dav tu vužilé lové.
gebe(-ich) du-4 geliehen Gelder
Ich leihe dir Geld.

čorró	arm
čorripé	Armut
xárniko*	begabt sein, um Geld zu verdienen
lézno*, jéftino	billig
kuč, skúpo	teuer
trguív (trguíl, trguisardém), trámpa keráv (˜ kerél, kerdém)	feilschen, handeln
trgóvco	Händler
šéfto	Geschäft (nicht: der Laden)
šéfto keráv (˜ kerél, kerdém)	Geschäft machen
puterdevastésko, vastunó*	großzügig
arlí (w), trámpa (w)	Handel (Tausch-)
arlí keráv (˜ kerél, kerdém)	handeln
xandžuvaló*, pekevodjésko	geizig, Geizkragen
kisí (w), bukvári*	Geldbörse
ketóv* (ketól*, ketondém*), xarčív (xarčíl, xarčindém)	Geld ausgeben
stúrro	Gesamtverdienst einer Familie
lovaló, barvaló	reich, mächtig, einflussreich
míta (w)	Schmiergeld
telá vast	unter der Hand

Praktisch alle Roma-Gruppen, allen voran die Lovara, legen besonders viel Wert auf Statussymbole, in erster Linie zählen dazu das Auto, aber auch der Goldschmuck.

Sar ródes tje lové?
wie suchst deine Gelder
Wie verdienst du dein Geld?

Savé butjá bikinén po bazári?
welche Dinge verkauft(-ihr) auf Flohmarkt
Was verkauft ihr auf dem Flohmarkt?

Geld

Molí ma túke, de ma cérra [xarí] **lové te kináv mánge váreso** [néšto] **te xav.**
bitte(-ich) ich-4 du,-3 gib! ich-4 wenig Gelder dass kaufe(-ich) ich-3 etwas dass esse(-ich)
Bitte gib mir ein wenig Geld, damit ich mir etwas zu essen kaufen kann.

Sóstar xoljarés e Devlés, taj či des ma khánči?*
warum böse-machst der(g) Gott-4, und nicht gibst ich-4 nichts
Warum erzürnst du den lieben Gott und gibst mir nichts?

Áke le! Maj [po] **but naj ma!**
hier nimm! mehr viel nicht-ist ich-4
Hier! Mehr habe ich nicht!

Najís túke!*
danke du-3
Danke dir!

[Ov sastó!] **Dikháv ke san lačhé ilésko!**
[sei! gesund], sehe(-ich) dass bist gut(g) Herz-2
Ich sehe, du hast ein gutes Herz!

Naj mištó [nané šukár] **te mangés!**
nicht-ist gut [nicht-ist schön] dass bittest
Du solltest nicht betteln!

Vádžaj ternó/terní san, róde túke jek butjí!
noch klein(m/w) bist, suche! du-3 eins Arbeit
Du bist noch jung, such dir eine Arbeit!
(zum Mann/zur Frau)

Baró barvaló-lo!
groß reich-er-ist
Er ist wirklich reich!

Fotografieren

Wer mit Roma zu tun hat, wird unzählige wunderschöne Motive zu Gesicht bekommen, die jeden Fotografen faszinieren. Trotzdem sollte man nicht einfach Personen ablichten, ohne vorher ihr Einverständnis zu bekommen. Viele Roma leben in unsagbarer Armut und sind sich dessen bewusst. Klar, dass sie da nicht begeistert sind, wenn man diesen Anblick auch noch für die Ewigkeit festhält.

Auf Totenfeiern und bei Begräbnissen darf man auf keinen Fall fotografieren.

Mit einem Smartphone können Sie sich die mit einem 👂 gekennzeichneten Sätze dieses Kapitels anhören.

fílmo	Film
fílmo ánde fárbe	Farbfilm
fílmo ándo kaló-parnó	Schwarz-Weiß-Film
kámara (w)	Kamera
fóto, fotográfija (w)	Foto
keráv fotográfija (**kerél, kerdém** ˜) *machen Foto*	fotografieren

👂 **Šaj te kerávfotográfija tútar/tuméndar?**
können dass mache(-ich) Foto(w) du-5/ihr-5
Darf ich dich/euch fotografieren?

👂 **Va, áli maj** [po] **anglál kamáv** [mangáv] **te hurjaváv ma.**
ja, aber mehr bevor möchte(-ich) [bitte(-ich)] dass umziehe(-ich) ich-4
Ja, aber ich möchte mich vorher umziehen.

Viele Roma möchten auf dem Foto besonders gut aussehen, und daher wollen sie sich häufig erstmal in Schale werfen. Haben Sie dafür Verständnis.

Viele Personen werden erst einwilligen, sich fotografieren zu lassen, wenn Sie versprechen, ihnen später das Foto zu schicken. Moslemische Xoraxané Romá lehnen manchmal ab, fotografiert zu werden, da der Islam die Abbildung von Personen verbietet.

Šaj te keráv fílmo tje čhavéndar?
können dass mache(-ich) Film deine(g) Kinder-5
Kann ich deine/Ihre Kinder filmen?

Va, áli sóstar?
Ja, aber warum?

Ke kamáv [mangáv] te dav ma godjí pála tuménde.
weil möchte(-ich) [bitte(-ich)] dass gebe(-ich) ich-4 Erinnerung(w) für ihr-6
Ich möchte nur eine Erinnerung an euch!

Ka bičhaváv túke/tuménge o fóto.
ZUK schicke(-ich) du-3/ihr-3 der Foto
Ich werde dir/Ihnen/euch das Foto schicken.

Rudjív [molináv] tu, de ma tji adrésa.
bitte(-ich) du-4, gib! ich-4 deine Adresse
Gib/Geben Sie mir bitte deine/Ihre Adresse.

Krank sein

Eine ausgesprochene Roma-Heilkunde gibt es heute so gut wie nicht mehr. Das Wissen um die Heilkunst mit Pflanzen und Kräutern ist fast gänzlich verloren gegangen, und so gilt auch beim Thema Gesundheit, dass man sich wohl kaum auf Romani artikulieren wird, denn man wird kaum auf Ärzte treffen, die Roma sind. Hier nur einige Sätze und Wörter, die beim Gespräch mit einem Rom hilfreich sein können.

Bei den moslemischen Roma ist Krankheit vor allem unter Frauen ein Tabuthema.

Phrála, sar san tu?
Bruder, wie bist du
Wie geht es dir, mein Freund?

Najís Devléske, mištó sim! Aj tu, sar san?
danke Gott-3, gut bin, und du, wie bist
Gott sei Dank, es geht mir gut! Und wie geht es dir?

Naj kadjá mištó, dukhál zuralés mo šeró.*
nicht-ist so gut, schmerzt(-er) stark(U) mein Kopf
Nicht so gut. Ich habe starke Kopfschmerzen.

Na sjum but šukár, but dukhála mo šeró.
nicht bin sehr schön, sehr schmerzt mein Kopf
Nicht so gut. Ich habe starke Kopfschmerzen.

Naj [nané] tu drab [iláči] (šerésko)?
nicht-ist du-4 Medikament (Kopf-2)
Hast du kein (Kopfschmerz-)Medikament?

Aj lav drabá, núma či ažutin mánge.*
Aj lav iláčija, sáde na pomožinén mánge.
und nehme(-ich) Medikamente, aber nicht helfen(-sie) ich-3
Ich nehme ja Arznei, aber sie hilft mir nicht.

Án-ta mánge jéke doktóros!
bring-! ich-3 eins(g) Doktor-4
Hole mir einen Arzt!

Žanél kadó doktóri njamcícko?
weiß(-er) dieser Arzt Deutsch
Spricht dieser Arzt Deutsch?

Krank sein

Kaj si jek lačhó doktóri?
wo ist eins gut Arzt
Wo gibt es einen guten Arzt?

Nasvaló/nasvalí sim.
krank(m/w) bin
Ich bin krank.
(sagt Mann/Frau)

Kaj si e špíta?
wo ist die Krankenhaus(w)
Wo ist das Krankenhaus?

Dukhál ma kathé!
schmerzt(-es) ich-4 hier
Es tut mir hier weh!

Trobúl ma [**mánge si lazími**] **jek dandéngo doktóri.**
braucht(-er) ich-4 [ich-3 ist notwendig] eins Zähne-2 Arzt
Ich brauche einen Zahnarzt.

doktóri, doktóro	Arzt
žuvljángo doktóro	Frauenarzt
špíta (w), **bólnica** (w)	Krankenhaus
dandéngo doktóri, dentísto	Zahnarzt

Jertisár, sájek tradél ma te žav po wecé.*
verzeih!, immer fährt(-er) ich-4 dass gehe(-ich) auf WC
Ich habe Durchfall.

Si ma prolívo.
ist ich-4 Durchfall
Ich habe Durchfall.

Si ma grípa.
ist ich-4 Grippe
Ich habe die Grippe.

Gindív [**mislív**] **ke si ma temperatúra.**
denke(-ich) dass ist ich-4 Fieber
Ich glaube, dass ich Fieber habe.

Dukhál mi jakh.
schmerzt mein Auge(w)
Mein Auge tut weh.

Dukhál mo iló.
schmerzt mein Herz
Mein Herz tut weh.

Xav tjo iló, ažutisár mánge!*
Molináv tut, pomožiné mánge!
esse(-ich) dein Herz [bitte(-ich) du-4], hilf! ich-3
Hilf mir, bitte!

krank sein

sastipé	Gesundheit
nasvalipé	Krankheit
temperatúra (w)	Fieber
grípa (w)	Grippe
xas	Husten
grčo	Krampf
dukh (w)	Schmerz
šeréski dukh	Kopfschmerzen
dandéngi dukh	Zahnschmerzen

xasáv (**xasál, xasandém**)	husten
nasvaló	krank
nasvájvav (**nasvájves, nasvájlem**)	erkranken
sastjuváv (**sastjós, sastilém**)	gesund werden
zalív ma (**zalíl pe, zalisájlem**)	sich schwindlig fühlen
či hatjaráv ma mištó (~ **hatjarél, hatjardém** ~)	sich unwohl fühlen
čhádav (**čhádel, čhaglém**)	erbrechen
čhádel pe ma	mir ist zum Erbrechen
žuvló	geschwollen

pátika (w)	Apotheke
medicína (w), **drab, iláči**	Medizin
šerésko drab	Kopfschmerztabletten

Krank sein

der Körper

trúpo, téšto, snága (w)	Körper
vas, musí (w)	Arm
vas	Hand
punró	Fuß
naj*, parmako	Finger
punró*, čang (w)	Bein
šeró	Kopf
balá (Mz)	Haare
korr (w), **men** (w)	Hals
čikát	Stirn
jakh (w)	Auge
nakh	Nase
kan	Ohr
muj	Mund
čhib (w)	Zunge
vušt	Lippe
fálka* (w)	Kinn
muj, fáca* (w)	Gesicht
gi	Magen
čučí (w)	Brust (weiblich)
kolín	Brust (männlich)
phiké	Schultern
kuj (w), **kuní** (w)	Ellenbogen
dumó	Rücken
čang* (w), **koč** (w)	Knie
per	Bauch
kókalo	Knochen
mortjí (w)	Haut
iló	Herz
bukó	Leber
parnó bukó	Lunge

Toilette

Der Standard der Toiletten in den Roma-Siedlungen entspricht nicht immer dem, was man aus Mitteleuropa gewöhnt ist. Gerade auf dem Land sind Plumpsklos oder – noch einfacher – der nächste Busch üblich. Toilettenpapier sollte man hier immer selber dabeihaben.

Die übliche Frage nach der Toilette ist:

Kaj šaj te thováv me vas?
wo können dass wasche(-ich) meine Hände
Wo kann ich mir die Hände waschen?

Kaj si o wéce?
wo ist der WC
Wo ist die Toilette?
(eher unüblich)

Si te žav mange avrí.
ist dass gehe(-ich) hinaus
Ich muss mal.
(unter Freunden)

wéce, toaléto	Toilette, WC
papíri/xrtíja pála toaléto (w)	Klopapier
mutráv ma (**mutrél pe, muterdém ma**)	pinkeln
mutér	Harn, Urin
xljav ma (**xljel pe, xindém ma**)	kacken, scheißen
khul	Scheiße
khajaráv (**khajarél, khajardém**)	furzen (lautlos)
khaj (w)	Furz (lautlos)
riljaráv (**riljarél, riljardém**)	furzen (laut)
ril (w)	Furz (laut)

Schimpfen & Fluchen

Grundsätzlich lassen die Roma ihren Gefühlen und Emotionen sehr schnell freien Lauf: Es wird häufig geflucht und geschimpft. Allerdings ist man nicht nachtragend. Selbst nach den schlimmsten Streitigkeiten versöhnt man sich sehr schnell wieder.

Allgemeinere Flüche sind zum Beispiel:

Halten Sie sich als Gast mit Flüchen und Beschimpfungen lieber zurück. Es reicht, wenn Sie sie verstehen.

Marél tji bax o khul!
schlägt(-er) dein Glück(w) der Scheiße
Die Scheiße soll dein Glück zerschlagen!

Te del o beng ánde túte!
dass gibt(-er) der Teufel in(g) du-6
Der Teufel soll dich holen!

Phag tji korr!
brich! deine Hals(w)
Brich dir den Hals! (nicht positiv)

Oft verwendet man auch Kombinationen mit dem Verb **xav** (essen):

Te xas mo khul!
dass isst(-du) mein Scheiße
Friss meine Scheiße!

E kermé/ruv te xan tu!
die Würmer/Wölfe dass essen(-sie) du-4
Die Würmer/Wölfe sollen dich fressen!

Auch wenn es sich bei den Flüchen fast immer um die Sexualität dreht, sind die Roma äußerst prüde und moralisch.

E ladž te xal tjo muj!
die Schande(w) dass isst(-sie) dein Gesicht
Die Schande soll dein Gesicht fressen!

Xal e máčka tje pelé!
isst(-sie) die Katze(w) deine Hoden(Mz)
Die Katze soll deine Hoden fressen!
(zu einem Mann)

Xas me pelé!
isst(-du) meine Hoden
Friss meine Hoden!
(sagt ein Mann)

Xas mi kakaráška!
isst(-du) meine Scheide(w)
Friss meine Scheide!
(sagt eine Frau)

Mutráv ma ánde tji čhor!
pisse(-ich) ich-4 in deine Bart(w)
Ich pisse auf deinen Bart!

Xljav tji bax! Ža taj o Del túsa!
scheiße(-ich) deine Glück(w) geh! und der Gott du-7
Ich scheiße auf dein Glück, verschwinde und Gott mit dir!

Die Ausdrücke **kuráv** und **dav bulé** bedeuten beide „ficken". In Verbindung damit stehen oft die weiblichen Familienangehörigen.

Kurén le žukél tja da!
ficken(-sie) die Hunde deine(g) Mutter-4
Die Hunde sollen deine Mutter ficken!

Kurél tu mo phral!
fickt(-er) du-4 mein Bruder
Mein Bruder soll dich ficken!

Geradezu harmlos ist hingegen der folgende oft gebrauchte Spruch, der in etwa unserem „Scheiße!“ entspricht.

Kuráv mo kham!
ficke(-ich) mein Sonne
Ich ficke meine Sonne! / Scheiße!

mindž (w), **xasalí** (w), **kakaráška** (w)	Scheide
kar	Schwanz
pelé (Mz)	Hoden
kucúli, lindíko*	Klitoris
bul (w)	Arsch
kuráv (**kurél, kurdém**) *schlagen*	ficken
dav bulé (del, dem ˜)	ficken
khul	Scheiße
mutráv ma (**mutrél pe, muterdém ma**)	pissen
xljav ma (**xljel pe, xindém ma**)	scheißen
zar (w)	Schamhaar
podjí* (w)	Regel, Menstruation
lubní (w), a.: **kúrva** (w)	Prostituierte
bule dinó	Schwuler (der Arschgefickte)

Sozusagen als Gegenstück zu diesen Schimpftiraden, kann man seinem Gegenüber folgendes wünschen:

Kadalá [akalá] **žungalimáta** [bilačhimatá] **dur tútar!**
diese Bösheiten weit du-5
Dir soll nichts Böses geschehen!

Literaturhinweise

Wer sich näher mit dem Romani befassen will, der muss v. a. auf wissenschaftliche Arbeiten (alle beim Harrassowitz Verlag in Wiesbaden erschienen) zurückgreifen, denn herkömmliche Sprachlehrgänge gibt es auf Deutsch nicht.

Die hier genannten Bücher/Schriften sind nicht über den Reise Know How Verlag erhältlich.

Als deutschsprachige Grammatik für die Vlach-Dialekt sei hier das von **N. Boretzky** verfasste Werk **Romani** – Grammatik des Kalderaš-Dialekts mit Texten und Glossar – besonders empfohlen.

Wer sich eher mit den Balkan-Dialekten beschäftigen möchte, sollte auf das Werk **Sepečides Romani** von **P. Cech** und **M. F. Heinschink** zurückgreifen. Ebenfalls empfehlenswert ist **Bugurdži** – deskriptiver und historischer Abriss eines Romani-Dialekts von **N. Boretzky** sowie **Das Romani** von **Ajia Varvara** von **B. Igla**.

An Wörterbüchern gibt es im Buchhandel nur ein brauchbares (Romani/Deutsch), und zwar von **N. Boretzky** und **B. Igla** ebenfalls bei Harrassowitz erschienen. Im Internet findet man außerdem über die Universität Graz die hervorragende Seite „Romlex“ auf **http://romani.uni-graz.at/romlex/**
Hier hat man die Möglichkeit, zwischen einzelnen Dialekten auszuwählen.

Wer mehr kulturelle Informationen über

die Roma erhalten möchte, findet ebenfalls über die Universität Graz die englischsprachige Seite „Rombase“ auf **http://romani.uni-graz.at/rombase/**

Über den Drava Verlag (**www.drava.at**) sind außerdem verschiedene zweisprachige Bücher mit Geschichten der Roma erschienen. Zum Beispiel „Die Schlaue Romni“ und „Fern von uns im Traum“.

Wörterliste Deutsch – Romani

Die Wörterlisten enthalten einen soliden Grundwortschatz von jeweils etwa 950 Wörtern. Vokabular, das besser in den einzelnen Kapiteln gefunden werden kann, ist hier nicht immer aufgenommen.

Das **grammatische Geschlecht** *wird nur bei weiblichen Hauptwörtern durch ein „w" gekennzeichnet. Alle anderen sind folglich männlich.*

Regelmäßige Haupt- und Eigenschaftswörter *werden immer nur in der Einzahlform angeführt. Nur wenn sich die Mehrzahlform grundsätzlich verändert, wird auch diese in eckigen Klammern angegeben. Steht in Klammern eine Endung, wird diese nach dem vertikalen Strich in der Einzahlform angehängt. Viele ursprünglich rumänische Haupwörter bilden die* **Mehrzahl** *auf* -ur, -ura *oder* -uri. *All diese Wörter werden hier auf* -ur *angegeben, können aber nach Belieben auch auf* -ura *oder* -uri *gebildet werden.*

Veränderliche Eigenschäftswörter *werden hier der Einfachheit wegen in der männlichen Form auf* -o *angegeben.*

Verben *werden in der ersten Gegenwartsform (z. B. „ich mache") angegeben, zusätzlich wird auch die dritte Gegenwartsform (z. B. „er/sie macht") sowie die erste Vergangenheitsform (z. B. „ich machte") aufgeführt.*

Wörter, die typisch für die **Vlach-Dialekte** *sind, werden durch * gekennzeichnet. Wörter der* **Balkan-Dialekte** *werden in* dieser Schrift (Deutsch - Romani) *bzw.* **dieser (Romani - Deutsch)** *dargestellt. Wörter, die nicht besonders markiert werden, werden von beiden Dialekten verwendet. Alle Hauptwörter, die auf* -ipé *enden, können diese Endung auch durch* -imós *ersetzen. Die Form auf* -imós *kommt allerdings nur in den Vlach-Dialekten vor, während die auf* -ipé *von allen Gruppen verstanden wird.*

A

abbiegen bóldav (bóldel, boldém)
Abend ánglaj rjat, rjat [ratjá] (w), akšámi
abends teláj rját*, ko akšámi
aber áli, pále, ába*, núma*, áma
abfahren teljaráv* (teljarél*, teljardém*), žav tar (žal, gelém ~)
Acker kímp|o* [-ur], mal (w)
Adresse adrésa (w)
akzeptieren primív (primíl, primisardém)
Albanien Albánija (w)
alleine (ganz ~) kór-korro
alles sa
allmählich jek po jek, xarí po xarí
als (Steigerung) katár
als (zeitl.) kána, ked
also ápo*, ášta
alt (für Personen) phuró
alt (Gegenstände) puranó
Alter phuripé
anderer avér
anfangen lav te (lel, lem ~)
Angelegenheit butjí (w), butí (w)
Angst haben daráv (darál, darajlém)
Angst dar (w)
anhalten (etw.) ačhaváv (ačhavél, ačhadém)
anhalten ačháduvav (ačhádol, ačhádilem)
ankommen resáv (resél, reslém)
anschauen dikháv (dikhél, dikhlém)
anstrengend trúdno
Antwort advét|o* [-ur]
antworten dav anglál (del, dem ~)
Apotheke patíka (w)
Arbeit butjí (w), butí (w)
arbeiten butjí keráv (~ kerél, kerdém)
arbeitslos bibutjáko
arm čorró, geró
Armut čorripé
arrangieren lačharáv (lačharél, lačhardém)
Arzt doktóri, doktóro
Ärztin doktoríca (w)
Atem dúxo*, rúho
auch pále, vi
auf (räuml.) pe, ko (ke)
auf oprál, opré, po
aufhören dav gáta*, del gáta*, dem gáta*)
aufpassen lav sáma* (lel, lem ~)
aufstehen uštáv (uštél, uštilém), vázdav (vázdel, vazdém)
aufwachen uštáv (uštél, uštilém)
aufwecken (jmd.) uštjaváv (uštjavél, uštjadém)
Auge jakh (w)
aus ánda (m)/ándaj (w), katár (m)
ausruhen hodinív ma* (hodiníl pe, hodinisájlem), odmorív ma (odmoríl pe, odmorindúm ma)
aussteigen huljáv (huljél, hulistém)
austricksen khelaváv (khelavél, kheladém)
ausweichen (auf die Seite gehen) dav rigáte (del, dem ~)
ausziehen, sich nangjuváv (nangjól, nangjilém)
Auto vurdón

B

Bach len (w)
Bad bánja (w)
baden, sich najuváv* (najól*, najilém*), nandžuváv (nandžól, nandžilúm)
Badezimmer bánja (w)
Bahnhof (in Rumänien) gára (w)
Bahnhof (in Ungarn) alomáši
Bahnhof stánica (w)
bald sígo
Bauer gavunó, gavutnó, gažó*, gadžó
Baum kašt, kaš, kopáči*
beeil dich! sigjar!
beenden agorisaráv (agorisarél, agorisardém), dav agór/gáta* (del, dem ~), getóv* (getól*, getosardém*)
beginnen teljaráv* (teljarél*, teljardém*)
begrüßen (jmd.) dav lačhó djes (del, dem/dinúm ~)
behalten inkeráv (inkerél, inkerdém)
bei kaj, pašá
Bein punró
beinahe paští*, skóro
bekannt ašundó, pinžardó, vestimé*
bekommen lav (lel, lem/lilúm), primív (primíl, primisardém), xutjiláv (xutjilél, xutjildém)
Belgien Belgía
Belgier belžikán|o [-ur]
Belgierin belžikánka
belgisch belžikáko
bemitleidenswert čorró, geró
beobachten lav sáma* (lel, lem ~)
bereit gáta*, hazíri
Berg plajín* (w)
berühmt ašundo, pinžardó, vestimé*
Beschneidung feiern (moslem.) keráv bjáv (kerél, kerdém ~)
Beschneidungsfest (moslem.) bjáv, a.: abjáv*
besichtigen dikháv (dikhél, dikhlém)
besorgt brigáko
bestellen mangáv (mangél, manglém)
beten molináv [molinél, molindúm], rudjív* (rudjíl*, rudjisardém*)
betrügen athaváv (athavél, athadém), xoxaváv (xoxavél, xoxadém)
Bett pát|o* [-ur], krevéto
betteln mangáv (mangél, manglém)
bevor (zeitl.) anglál
bezahlen pokináv (pokinél, pokindém)
Bezahlung pokín (w)
Bezug: im ~ auf pa
billig lézno*, jéftino
binden phándav (phándel, phanglém)
bis ži, a.: žíka
bisschen: ein ~ jek céra*, xarí (po ~)
bitten mangáv (mangél, manglém), molináv [molinél, molindúm], rudjív* (rudjíl*, rudjisardém*)
bleiben ačháv (ačhél, ačhilém), bešáv (bešél, bešlém)

Blume luludjí (w)
Blut rat
Boden phuv [-já] (w)
Bonbon gugl|ipé [-imáta]
böse sein/werden xoljajváv (xoljajvél, xoljajlém)
böse bilačhó, žungaló, nasúl*
Bosnien Bósnija (w)
Brauch tradícija (w), zakón|o [-ur]
brauche: ich ~ trobúl ma ...
brauchen trobúv* (trobúl*, trobusardém*)
breit buxló
brennen (es brannte) phabuváv (phaból, phabilém) (phabiló)
Brief lil
bringen anáv (anél, andém), ingeráv (ingerél, ingerdém)
Brot manró
Brücke phurt (w), pód|o* [-ur]
Bruder phral
Brunnen xajíng (w)
Buch knjíga (w), lil
Bulgarien Bulgárija
Bus bús|o [-ur]

C, D

Chef baró, šéfo
da ist! éta!
danach athóska, pála, pal, palál, atúnči*
daneben pašé
danke! (an einen Mann/Frau/ mehrere Personen) ov sastó! / ov sastí! / ovén sasté!
danke! fála!, najís!*
danken najisaráv* (najisarél*, najisardém*), palikeráv (palikerél, palikerdúm)
dann athóska, palál, atúnči*
darüber (im übertragenden Sinn) pa
darüber oprál
dass kaj, ke
dauern inkeráv (inkerél, inkerdém), trajív* (trajíl*, trajisardém*)
davor (räuml.) ángla
Decke (zum Zudecken) cóll|o* [-ur], čéba (w)
Decke kápa* (w)
denken gindív* (gindíl*, gindisardém*), mislív (mislíl, mislíndem)
denn ke
deswegen kadaléske*, odoléske
Deutsch (Sprache) njamcícko
deutsch njamcícko
Deutsche njamcójka
Deutscher njámc|o [-ur]
Deutschland Njámco
dick thuló
Dieb čor (Ez/Mz)
Diebin čorní (w), a.: čorkínja (w)
Diebstahl čor|ipé [-imáta]
Ding butjí (w), djéla* (w), butí (w)
doch ába*
Dokument lil
Dorf (Ortschaft) gav
Dörfchen gavoró
dort kothé
drehen bóldav (bóldel, boldém)
drinnen andré
du tu
dumm diló, prósto, dilinó
dünn sanó, šukó

dürfen tromáv (tromál, tromajlém)
Durst truš (w)
durstig (ich bin durstig) trušaló (~ sim)
Dusche bánja (w)

E

echt?! čačés!?, čačipé si?!
egal: ist mir ~! sájek mánge!
Ehefrau Romní (w)
Ehemann Rom [-á]
Ehre patjív (w)
ehrenhaft patjivaló
Ei anró
eilig: es ~ haben sigjaráv (sigjarél, sigjardém)
einer, eine, eins ek, jek
einfach ušóro*
eingesperrt phandadó
Einheit jekipé
einladen (jmd.) akharáv (akharél, akhardém)
einmal jékvar, jek dáta*
einschmieren makháv (makhél, makhlém)
eintreten dav andré* (del, dem ~), khuváv andré (khuvél, khuvdúm ~)
Eisenbahn vózo, vonáto*
Ende agór
Englisch (Sprache) englezícko
entkleiden, sich nangjuváv (nangjól, nangjilém)
Entschuldige! jertisár!*
entschuldigen, sich áfi keráv (~ kerél, kerdúm)
Entschuldigung áfi
er vo*, vov*, ov
Erde phuv [-já] (w)
ergreifen astaráv (astarél, astardém), xutjiláv (xutjilél, xutjildém)
erhalten primív (primíl, primisardém)
erholen, sich hodinív ma* (hodiníl pe, hodinisájlem), odmorív ma (odmoríl pe, odmorindúm ma)
erinnern, sich dav ma godjí (del pe, dem ma ~)
Erinnerung godjí (w)
Erkältung šil
erkrankt: ich bin ~ nasvájlem
essen xav (xal, xalém)
Essen xabé [xabenáta]
Essen vorbereiten čiraváv (čiravél, čiradém)
etwa karíng
etwas váreso*, néšto, díso

F

Fabrik fábrika (w), fábrike
Faden thav
fahren trádav (trádel, tradém), páldav (páldel, paldindúm)
Fall: auf jeden ~! aj sar!, aj so!
fallen peráv (perél, pelém)
falsch xoxamnó, xoxavnó
Falschgeld xoxavné lové
Familie famílja (w)
fangen astaráv (astarél, astardém), xutjiláv (xutjilél, xutjildém)

Farbe fárba* (w), bója (w)
fast paští*, skóro
Feier djes baró
feiern slavív (slavíl, slavlsardém)
fein sanó
Feld kímp|o* [-ur], mal (w)
Felsen bar
Fenster feljástra* [feléstri*] (w), péndžera (w)
fern dur
Fernsehgerät televizjón|o [-ur]
fertig gáta*, hazíri
fesseln phándav (phándel, phanglém)
Fest djes baró, sláva (w)
festhalten astaráv (astarél, astardém)
Festmahl (zu Ehren eines Gastes) gostíja* (w)
feucht čingó*, sapanó, susló
Feuer jag (w)
Fieber jag (w), temperatúra (w)
finden arakháv (arakhél, arakhlém)
Fisch mačhó
Flasche fláša (w)
flechten khuváv (khuvél, khuvdúm)
Fleisch mas
fleißig hárniko* [hárniči*]
fliegen urjáv (urjál, urájlem)
Flohmarkt bazári
Fluss pají, derjáv* (w), len (w), paní
Foto fotográfija (w)
fotografieren keráv fotográfija (kerél, derdém ~)
fragen mangáv (mangél, manglém), pučháv (pučhél, pučhlém)
Frankreich Francúzo
Franzose francúz|o* [-ur]
Französin francuzkínja (w)
Französisch (Sprache) francuzísko
französisch francuzísko
Frau Romní (w)
Freiheit slobodíja (w)
Freude loš (w), vója (w)
freuen, sich lošáv (lošál, lošandém)
Freund vortáko* [vortáča*], amál
Freundin amalín (w), a.: amalní (w)
Friede páča* (w), míro
frisch fríško, táze
früh ráno
früh(morgens) andáj rjat
fühlen hatjaráv (hatjarél, hatjardém)
fühlen, sich hatjaráv ma (hatjarél pe, hatjardém ma)
führen ingeráv (ingerél, ingerdém)
füllen pheráv (pherél, pherdém)
für pála, pal
Fuß punró
Fuß: zu ~ phirindós, telál
Fuß: zu ~ gehen telál žav (~ žal, gelém)

G

Gadscho („Nicht-Zigeuner") gažó*, gadžó
Garten bar [-já] (w)
Gast góst|o* [-ur], misafíri
Gaststätte kírčima (w), bírto*, mehána (w)
Gebäck manró

gebären bijanáv (bijanél, bijandém)
geben dav (del, dem/dinúm)
Gebirge plajín* (w), veš
geboren bijandó
Geburt bijandipé, bijandimós
gefallen (es gefällt mir) plačál* (~ ma), tecíl* (~ ma), svidjól pe (~ mánge)
Gefängnis phanglipé, témnica* (w)
Gefängnis: ins ~ stecken phandaváv (phandavél, phandadém)
gehen žav (žal, gelém)
Gehirn godjí (w)
Geist dúxo*, rúho
Geld wechseln paruváv lové (paruvél ~, paruglém ~)
Geld lové (Mz)
gemahlen meljimé*, pišló, aratjí, idž
genau právo, vórta
genug dósta
genug!, das reicht! resél!
geöffnet puterdó
geradeaus právo, vórta
Gericht (rechtl.) súdo
gerne! vojása!
gerne: ich habe ... gerne drágo si mánge
Geruch sung (w)
Geschäft (Handel) šéft|o [-ur]
Geschäft (Laden) dučáno
gescheit godjavér
Geschichte paramíči* (w), paramísa (w)
geschlossen phandadó
Gesetz zakón|o [-ur]
Gespräch svát|o* [-ur], diván|o* [-ur], mahabéti, mohabéti
gestern aratjí, idž
gesund sastó
Gesundheit sastipé
Getreide giv
Gewicht phar|ipé [-imáta]
Gewohnheit zakón|o [-ur]
Gift drab [-á], otravá*
Glas (Material) gláža* (w)
Glas (Trink~) taxtáj [taxtá], poháro*
glauben pakjáv (pakjál, pakjandém), gindív* (gindíl*, gindisardém*)
Glück baxt (w), bax (w)
glücklich baxtaló
Gold sumnakáj
Gott Del*, Devél
Gott: Oh ~! Dévla!
Gras čar [-já] (w)
Grenze bar [-já] (w), gránica (w)
Griechenland Grčka (w)
Grippe grípa (w)
groß baró
Großmutter mamí (w)
Großvater páp|o [-ur]
grüßen mekáv ... sastipé (mekél, meklóm ~)
grüßen (jmd.) dav lačhó djes (del, dem/dinúm ~)
gut lačhó, šukár
gut (Adverb) zuralés, mištó
Gute (das ~) lačhipé, šukaripé
Gute Reise! baxtaló drom!

H

Haar bal
halb dopáš, paš
Hälfte dopašín* (w), paš

halten inkeráv (inkerél, inkerdém)
Hand vast, a.: vas
Handel šéft|o [-ur], arlí (w)
handeln keráv árli (kerél, kerdúm ~)
hässlich žungaló
Haus kher
Haus: aus dem ~ kherál
Haus: vom ~ kherál
Hause: nach ~ kheré
Hause: von zu ~ kherál
Hause: zu ~ kheré
heilig súnto* [súnci*]
heimlich čoralés
Heirat bjáv, a.: abjáv*
heiraten ansurív ma* (ansuríl pe*, ansurisájlem*), prandináv (prandinél, prandindúm)
heiß tató
heißes Wasser tató pají
helfen dav dumó (del, dem/dilúm ~), ažutív* (ažutíl*, ažutisardém*), kerávjardími (kerél, kerdém ~), pomožináv (pomožinél, pomožindúm)
Hemd gad
Hengst grast, a.: gras
Herr raj (Ez/Mz)
Herz iló
heute adjés*, a.: adžés*, adivés
hier kathé, a.: athé
hier ist! áke!, éta!
Himmel čéri*, nébo
hinaus avrí
hinbringen ingeráv (ingerél, ingerdém)
hinein andré
hinter pála, pal
Hitze tatjipé
hoch baró
Hochzeit bjáv, a.: abjáv*, ansurimós*
Hochzeit feiern keráv bjáv (kerél, kerdém ~)
holen lav (lel, lem/ lilúm)
Holz kašt, a.: kaš
Hör auf! De gáta!*
hören šunáv (šunél, šundém)
Hose kálca (w)
Hotel hotéli, a.: hotélo [hotélja]
hübsch šukár, šužó
Hüfte maškár
Hund žukél
Hunger bokh (w)
Hunger: ich habe ~ bokhajlém
hungrig bokhaló

I

ich me
ihr tumén
immer sa, sádajek*, úvek
in (räuml./zeitl.) an, a.: ándo / ánde (m/w), maškár
innen andré
Inder indijáno
Inderin indijánka (w)
Indien Índija (w)
indisch indijánsko
intelligent godjavér
interessant interesántno
interessieren: sich ~ für interesíl ma (interesíl les, interesisájlem)
irgendeiner kak, kajékh
irgendetwas váreso*, néšto, díso
ist nicht naj!

J

ja óva, a.: va, ej*
Jahr berš

jeder, jedes sváko
jetzt akaná
jeweils po
Jugoslawien Jugoslávija (w)
jung ternó
Junge (ab ca. 8 Jahre) čhavó
Junge (Nicht-Zigeuner) rakló
Jungen (Roma) čhavé (Mz)
Jungfräulichkeit hajipé (w)

K

Kaffee káfa (w)
kalt (Sachen, nicht Wetter) šudró
kalt: es ist ~ (Wetter) šil si
Kälte šil
kaltes Wasser šudró pají
kaputt phagó, rumimé, a.: rimomé
Käse királ
kaufen kináv (kinél, kindém)
kaum dába*, a.: dábi*
kein naj!
kennen žanáv (žanél, žanglém)
Kind beját|o* [-ur]
Kind (bis ca. 8 Jahre) čhavoró
Kind (ab ca. 8 Jahre) čhavó
Kinder (Roma) čhavé (Mz)
Kino síne, sínema (w)
klar jásno
Kleidung gadá (Mz), cála* (Mz), šéja (Mz)
klein ciknó, cignó, xurdó, tiknó
Kleingeld xurdé
klug godjavér
Kneipe bírto*, mehána (w)
kochen čiraváv (čiravél, čiradém), kiraváv (kiravél, kiradém)
Koffer kúferi
komm her! ájdi!, a.: hájdi!
kommen aváv (avél, avilém)
komplett komplétno
kompliziert pharó, trúdno
können šaj, šaj te
korrekt lačhó, maladó*, tamám
krank nasvaló
Krankenhaus špíta (w)
Krankheit nasval|ipé [-imáta]
Krieg mar|ipé [-imáta]
krumm bangó
Küche kúxnja* (w)
Kuh gurumn|í [-já] (w)
kühl (Sachen, nicht Wetter) šudró
kurz ciknó, cignó, skúrto* [skurt*/skúrti*], tiknó
Kuss čumid|ipé [-imáta]
küssen čumídav (čumídel, čumidém)

L

lachen asáv (asál, asajém)
Laden balamó*
Laden dučáno
Lampe lámpa (w)
Land (nicht Stadt) phuv [-já] (w)
Land (Staat) them
weit (Entfernung) dur
lang (nicht kurz) lúngo* [lundj*/lúngi*]
langsam lokó, lokhó
langsam (Adverb) lokés, lokhés
Lärm bašipé

lassen mekáv (mekél, meklém), mukáv (mukél, muklém)
laufen našáv (našél, našlém), prástav (prástal, prastandém)
laut (Adverb) zuralés
leben (physisch) trajív* (trajíl*, trajisardém*), dživáv (dživél, dživindúm)
Leben tráj|o* [-ur], džipé
lebendig žuvindó*, dživdó
Lebensmittelgeschäft balamó*
lecker lačhó
leer nangó
lege! tho!
legen čhuváv (čhuvél, čhutém), thav* (thol*, thodém*)
lehren sikaváv (sikavél, sikadém), sitjaráv (sitjarél, sitjardém)
Lehrer sikadó, a.: sikamnó
Lehrerin sikadí (w), a.: sikamní (w)
leicht (Gewicht) lokó, lokhó
leise lokó, lokhó
leise (Adverb) lokés, lokhés
lenken trádav (trádel, tradém), páldav (páldel, paldindúm)
lernen sitjuváv* (sitjól* sitjilém*), sikláv (siklól, siklilém)
lesen ginaváv (ginavél, ginadém)
letztendlich po agór, a.: pogór
letzter palunó
Licht (elektr./künstl.) strúja (w)
Licht (natürl.) udút, šáfki
lieb drágo* [drági*/dráži*], gugló*, gudló
Liebe kaml|ipé* [-imáta], a.: kamlimós*, mangipé
lieben kamáv* (kamél*, kamlém*)
liebenswert gugló*, gudló
Lied gilaba|imós [-imáta], gilí (w)
links (nach ~) stíngo* (pe stíngo rig*), lévo (pe lévo rig)
Lohn pokín (w)
los! ájdi!, a.: hájdi!
lügen xoxaváv (xoxavél, xoxadém)
Lügner xoxamnó

M

machen keráv (kerél, kerdém)
Mädchen (Nicht-Zigeunerin) raklí (w)
Mädchen (Romni) čhaj, a.: čhej (w)
mager šukó
Mal (Häufigkeit) var (w), dáta* (w)
Mann Rom [-á]
Märchen paramíči* (w), paramísa (w)
Markt bazári
Marmelade marmeláda (w)
Maus hírc|o* [-ur], šimjáko*, kermusó
Mazedonien Makedónija (w)
Medikament drab [-á]
Meer márja* [mári*] (w), derjáv (w), baró pají*
mehr maj*, po
meinen gindív* (gindíl*, gindisardém*)
meisten: am ~ maj but*, po but

Mensch manúš, ženó
Messer čhur|í [-já] (w)
Milch thud [-á]
Minute minút|o [-ur*], a.: [minúci]
Mittag mizméri*, podné
mittags mizmeré*, podné
Mitte maškár
Mitternacht dopáš e rjat*, paš i rjat
möchten kamáv* (kamél*, kamlém*)
modern modérno
mögen: ich mag dich drágo san mánge
möglich sein šaj
Moment! ášta
Monat čhon*, másek
Morgen detehára*, javín (w), sabájle
morgen tehára*, a.: thára*, tasjá
Morgen teharín* (w)
morgens detehára*, teharín*, javináte (w), sabájle
Moslem (Rom) xoraxanó Rom
Moslemin (Romni) xoraxaní Romní
müde činó
Münze lov*
Musik múzika (w), bašalipé
musizieren cirdáv (cirdél, cirdém)
muss: man ~ trobúl te ...
müssen (man muss ...) si te, músaj te*
müssen trobúv* (trobúl*, trobusardém*)
Mut tróma* (w)
Mutter daj (w), dej (w)
Mutter! dále!*, dáje!

N

nach (Richtung, zeitl.) karíng, pála, pal, ži, a.: žíka
nach unten telé
Nachricht nev|ipé [-imáta], vjášta* (w)
Nacht rjat [ratjá] (w)
nachts irjaté
nackt nangó
nahe pašé
Nahrung xabé [xabenáta]
naiv prósto
Name aláv, a.: anáv
nass čingó*, sapanó, susló
natürlich! aj sar!, a.: aj so!, sar na!
neben pašá
nebenan pašé
nehmen lav (lel, lem/lilúm)
nein na
nein! níči*!
nett gugló*, gudló
neu nevó
Neuigkeit nev|ipé [-imáta], vjášta* (w)
nicht na, či*
nicht können naští
nichts khánči*, ništo
nicht-zigeunerisch gažikanó*, gadžikanó
Niederlande Holándija (w)
niedrig ciknó, cignó, tiknó
niemals šóha*, nijékvar, níkad
niemand khónik*, níko
nirgends kathénde*
noch ínke*, maj*, pánda, a.: pána
noch(mals) pále
notwendig (ich brauche) lazími (mánge si ~)
notwendig: es ist ~ zu trobúl te ...
Nummer númer|o [-ur*], a.: [-ja]
nur férdi*, a.: féri*, núma*, sáde, sámo

O

ob te
oben, nach oben opré
obwohl íte, víte, makár, makár ke
oder vaj*, íli
offen puterdó
offensichtlich jásno
öffnen putráv (putrél, puterdém)
oft butívar, a.: bútvar
ohne bi* ...(-ko/-go), bízi
Öl (Olivenöl) zetíno
Onkel káko, a.: kak, náno*
Ordnung: in ~ bringen lačharáv (lačharél, lačhardém)
Ort than
Österreich Áustrija (w), Béči
Österreicher austrijánco
Österreicherin austrijánka
österreichisch austrijáko

P

Päckchen pakét|o [-ur]
Paket pakét|o [-ur]
Paradies rájo
Pass pasapórt|o [-ur]
Pass auf! le sáma!
Person ženó
Persönlichkeit (angesehene) raj baró
Pferd grast, a.: gras
pflücken kídav (kídel, kidém)
Platz (Ort) than
Platz (Schlaf-) than
Polizei polícija (w)
Polizist policáj|co [-cur]
Preis céna
probieren zumaváv* (zumavél*, zumadém*), probináv (probinél, probindúm)
Problem báj|o* [-ur], problémo
Prost! síjas!

Q, R

Quelle xajíng (w)
Rat der Roma (rechtl.) kris* (w)
rauchen pjav (pel, pilém)
rausgehen inkjláv (inklél, inklistém), žav avrí (žal, gelém ~)
rauslassen hulјáv (huljél, hulistém)
rechts (nach ~) čačó (pe čačí rig)
reden keráv sváto*/divάno* (kerél, kerdém ~), vorbisaráv* (vorbisarél*, vorbisardém*), vakeráv (vakerél, vakerdúm)
Regen brišínd [-á]
regnen del brišínd
reich barvaló
Reise drom
reisen phiráv (phirél, phirdém)
Reisepass pasapórt|o [-ur]
rennen našáv (našél, našlém)
reparieren lačharáv (lačharél, lačhardém)
Restaurant kírčima (w), bírto*, mehána (w)
richtig čačó, maladó*, tamám
riechen (gut ~) khándav (khándel, khanglém) (šukár ~)
riechen (mit der Nase) sungáv (sungál, sungajém)
roh (Obst, Gemüse etc.) ivánd*

roh (Fleisch) bipéko
Rom Rom [-á]
Romani romanés
Romani: auf ~ romanés
Romni (Frau) Romní (w)
rufen (jmd.) akharáv* (akharél, akhardém)
rufen dav muj (del, dem ~), cipív* (cipíl*, cipisardém*), vikináv (vikinél, vikindúm)
Ruhe hodína [hodíni] (w), páča* (w), míro
Ruhe: Lass mich in ~! De ma páča!*, De ma míro!
Rumänien Rumúnija (w)
runtergehen hulјáv (huljél, hulistém)
Russland Rúsija (w)

S

Sache butjí (w), djéla* (w), butí (w)
Sack gonó
sagen motháv (mothól, mothodém), phenáv (phenél, phendém), vakeráv (vakerél, vakerdúm)
sammeln kídav (kídel, kidém)
sauber užó, šužó
sauber machen užaráv (užarél, užardém)
sauer šukló, šutaló
schade bezéx (w)
schälen užaráv (užarél, užardém)
scharf íto*
schicken bičhaváv (bičhavél, bičhadém)
Schicksal kisméti
schlafen sováv (sovél, sutém)
schlagen maráv (marél, mardém)
schlau bužangló, xaranó*
schlecht (böse) bilačhó, nasúl*
schließen phandaváv (phandavél, phandadém)
Schlüssel čája* [čéji*] (w), klidí (w)
Schmerz dukh (w)
schmutzig (verdorben im Geist) bivužó*
schmutzig melaló
Schnaps rakíja (w), a.: ratjíja (w)
schneiden čhináv (čhinél, čhindém)
schneien del ív
schnell sígo
schon uže, a.: vuže, več, ába*
schön šukár
schön šužó
Schönheit šuk (w)
schreiben skirív* (skiríl*, skirindém*), ramóv* (ramól*, ramosardém*), pišináv (pišinél, pišindúm)
schreien cipív* (cipíl*, cipisardém*), vikináv (vikinél, vikindúm)
Schuh papúča* [papúči*] (w), miníja [miníjc] (w)
Schuld doš (w)
schuldig došaló, bangó
Schule škóla (w)
Schüssel čaró
schützen arakháv (arakhél, arakhlém)
schwanger khamní
Schweiz Švajcárska, a.: Švájco
Schweizer švajcári
Schweizerin švajcárka
schweizerisch švajcósko
schwer (Gewicht) pharó

Schwester phen [-já] (w)
Schwiegertochter borí (w)
schwierig pharó, trúdno
See pají, paní
Seele gi
sehen dikháv (dikhél, dikhlém)
sehr zuralés
seit langem de dumúlt*, círla
Seite rig [-á] (w)
Sekunde sekúnda (w)
selbstverständlich! sar na!
senden bičhaváv (bičhavél, bičhadém)
Serbien Srbíja (w)
setze! tho!
setzen čhuváv (čhuvél, čhutém), thav* (thol*, thodém*)
setzen, sich bešáv (bešél, bešlém)
sie (Ez) voj, oj
sie (Mz) von, on
Silber rup
singen gilábav (gilábel, gilabadém) (pe)
sitzen bešáv (bešél, bešlém)
Slowakei Slovákija (w)
so kadé, kadjá, adžár, ájkar
so wie sar
sogar čak, íte, víle, makár te*
Sohn (ab ca. 8 Jahre) čhavó
Söhnchen (bis ca. 8 Jahre) čhavoró
Sommer miláj*, niláj
Sonne kham
Sonntag kurkó
Sorge bríga
Spaß kurudíja (w), phirás* (w)
spät kásno
Speise xabé [xabenáta]
Spiegel glínda* (w)
spielen kheláv (khelél, kheldém)
spielen (Instrument) bašaváv (bašavél, bašadém)
spielen (Instrument) gilábav (gilábel, gilabadém) (pe)
Sprache čhib [-á] (w)
sprechen dav dúma* (del, dem ~), keráv sváto*/láfi (kerél, kerdém ~), vorbisaráv* (vorbisarél*, vorbisardém*)
staatenlos bithemésko
Stadt fór|o* [-ur], dis (w)
Städtchen forúc|o* [-ur]
stark baró
stark (Adverb) zuralés
Steg phurt (w)
stehen bleiben ačháduvav (ačhádol, ačhádilem), ačháv (ačhél, ačhilém)
stehend vórta
stehlen čoráv (čorél, čordém)
Stein bar
stelle! tho!*
stellen čhuváv (čhuvél, čhutém), thav* (thol*, thodém*)
sterben meráv (merél, mulém)
Stern čerháj (w)
Stiefel kher [-já] (w)
Stimme glás|o* [-ur]
stinken khándav (khándel, khanglém) (šukár ~)
Stoff poxtán, postáv|o* [-ur]
stoppen getóv* (getól*, getosardém*)

Strafe (zahlen) glába* (pokináv ~), kázna (pokináv ~)
Straße drom
Straße, Sträßchen vúlica (w)
streichen makháv (makhél, makhlém)
streiten, sich xav ma (xal pe, xalém ma)
Strom strúja (w)
Stück kotór
studieren sitjuváv* (sitjól* sitjilém*), sikláv (siklól, siklilém)
Stuhl stólica (w), skamín*
Stunde čás|o* [-ur], saháti
suchen ródav (ródel, rodém)
Sünde bezéx (w)
süß gugló*, gudló
Süßigkeit gugl|ipé [-imáta]

T

Tabak duháno*, tutúno
Tag djes* (Ez/Mz), divés
Tal xar (w)
Tante bibí (w), lála* (w)
tanzen kheláv (khelél, kheldém)
Tanzen: jmd. zum ~ veranlassen khelaváv (khelavél, kheladém)
Tänzer khelitóri
Tänzerin khelitórka (w)
Tasche gonó, trásta* (w), čánta (w)
Tasse kuči (w)
tatsächlich čačés!?
täuschen athaváv (athavél, athadém)
Tee čáj|o* [-ur]
Teil kotór
Telefon telefón|o [-ur]
telefonieren dav telefóno (del, dem ~)
Teller čaró
Temperatur temperatúra (w)
Teppich tépixo, cól|o* [-ur]
teuer (lieb) drágo* [drági*/dráži*]
teuer kuč*, skúpo
Teufel beng, bivužó*
Tier živótinja (w), aláto*
Tisch mesáli* (w), skafidí* (w), astáli, a.: astálo, mása (w)
Tochter (Romni) čhaj, a.: čhej (w)
Töchterchen (Romni) čhajorí
Tod meripé, merimáta (w)
töten mudaráv (mudarél, mudardém)
Tradition tradícija (w), zakón|o [-ur]
traurig brigáko
trinken pjav (pel, pilém)
Trinkglas gláža* (w)
trocken šukó
Tschechische Republik Čéxo
Tuch poxtán
tun keráv (kerél, kerdém)
Tür vudár
Türke xoraxáj
Türkei Túrska (w), Xoraxanipé
Türkin xoraxní
Tüte trásta* (w), čánta (w)

U

über (räuml.) pe, ko (ke)
über oprál, pa

übermorgen overtehára*, totasjá
übersetzen (Sprache) paruváv (paruvél, paruglém), irináv (irinél, irindúm)
Uhr (Armband~, Wand~) čás|o* [-ur], saháti
Uhrzeit čás|o* [-ur], saháti
Ukraine Ukrajína (w)
um (zeitl.) ko (ke)
um zu te
umdrehen bóldav (bóldel, boldém)
umtauschen paruváv (paruvél, paruglém)
und taj, thaj, aj*, hem, em
Ungarn Madjárska (w), Úngro
ungarisch ungrícko
ungefähr karíng
Unglück bíbaxt (w)
unmöglich naští
unten telál
unterhalten, sich keráv sváto*/diváno* (kerél, kerdém ~)
unterrichten sitjaráv (sitjarél, sitjardém)

V

Vater dad [-á]
Vater! dáde!
verdienen keráv lové (kerél, kerdém ~)
Vereinbarung treffen phándav sváto* (phándel, phanglém ~)
vergessen bistráv (bistrél, bisterdém)
verheiraten ansurív* (ansuríl*, ansurisardém*), prandináv (prandinél, prandindúm)
verheiratet (als Frau) meritimé* (w)
verheiratet (als Mann) ansurimé* (m)
verheiratet colaxardó*, prandemé
verkaufen bikináv (bikinél, bikindém)
verlangen mangáv (mangél, manglém)
verlassen inkjláv (inklél, inklistém), mekáv (mekél, meklém), žav avrí (žal, gelém ~)
verlieren xasaráv* (xasarél*, xasardém*), našaváv (našavél, našadúm)
verrückt diló, dilinó
versprechen (etw.) čhinaváv (čhinavél, čhinadém)
Verstand godjí (w)
verstehen šunáv (šunél, šundém), hatjaráv (hatjarél, hatjardém), aljaráv* (aljarél, aljardém), a.: haljaráv, razumináv (razuminél, razumindúm)
versuchen zumaváv* (zumavél*, zumadém*), probináv (probinél, probindúm)
Verwandter njám|o* [-ur]
viel (Adverb) zuralés
viel but
vielleicht fájma, ambórim, búri
Vogel čiriklí (w)
Volk naródo
voll pherdó
von ánda (m)/ándaj (w), katár (m)
von dort kothár
von hier kathár
von oben oprál
von unten telál
vor ángla, anglál

vorbeigehen/ -fahren/-ziehen nakháv (nakhél, nakhlém)
vorbereiten spremóv (spremól, spremindúm)
Vorfahre páp|o [-ur]
vorgestern avérarat-ji*, averídž* poídž(i)
vorsichtig sein lav sáma (lel, lem ~)

W

Wagen (Pferde-) vurdón
wagen tromáv (tromál, tromajlém)
wahr čačó
Wald veš
wandern phiráv (phirél, phirdém)
wann kána, ked
warm tató
warten žukeráv* (žukerél*, žukerdém*), džakeráv (džakerél, džakerdúm)
warum sóske, sóstar, sóste
was so
was für ein? če*
waschen thav ma, a.: thováv ma (thol pe, thodém ma), užaráv (užarél, užardém)
Wasser pají, paní
wechseln paruváv (paruvél, paruglém)
Weg drom
wegen ánda*, vaš
weggehen žav tar (žal, gelém ~), teljaráv* (teljarél*, teljardém*)
weglaufen prástav (prástal, prastandém)
weh: es tut ~ dukhál
weil ke
weiß parnó
weit buxló, dur, lún-go* [lundj*/lúngi*]
weit: von ~ her durál
welcher savó
Welt svéto, lúma*, lúmja*, ljúmja* (w), dúnja (w)
wenig cérra*
wenig: ein ~ xancí*
wenigstens bárem, mákar
wenn (als) kána
wenn (falls) te
wer kon
werden aváv (avél, avilém)
Wetter vrjáma [vrémi] (w), vréme
wichtig importántno
wie viel ketjí, kozóm*, sóde*, kazóm*, kabór
wie sar
wieder pále, pálpale
Wien Béči
Wiese mal (w)
Wind balvál (w)
Winter ivénd
winzig xurdó
wir amé, a.: amén
wirklich?! čačés!?
wissen žanáv (žanél, žanglém)
Witz kurudíja (w)
Witz phirás* (w)
wo, wohin kaj
Woche kurkó
woher katár
wohin karíng
wohnen bešáv (bešél, bešlém)
Wolke núvero* [núverja*], óblako
wollen kamáv* (kamél*, kamlém*)
Wort svát|o* [-ur], vórba* (w), láfi
wünschen mangáv (mangél, manglém)

Z

zählen ginàv (ginél, gindém)
Zahn dand (Ez/Mz)
Zaun bar [-já] (w)
zeigen sikaváv (sikavél, sikadém)
Zeit vrjáma [vrémi] (w), vréme, vákti
Zeit: zu jener ~ atúnči*
Zelt céra (w)
zerreißen čhináv (čhinél, čhindém)
zerrissen (z. B. Kleidung) pharadó
zerschlagen phagó
zerschlissen (z. B. Kleidung) pharadó
zerstört rumimé, a.: rimomé
ziehen cirdáv (cirdél, cirdém)
Zigarette cigaréta (w)
Zigarre cigára
Zigeuner Rom [-á]
Zigeunerin Romní (w)
zigeunerisch romanó
Zimmer sóba (w)
zu kaj
zu (viel) prja
zubereiten getóv* (getól*, getosardém*)
zuerst anglál
Zug vózo, vonáto*
zuhören šunáv (šunél, šundém)
Zunge čhib [-á] (w)
zurück pálpale
zurückgehen irináv (irinél, irindúm)
zurückgehen/-kehren žav tar pálpale (žal ~, gelém ~)
zurückkommen bóldav ma (bóldel pe, boldém ma) (pálpale)
zusammen khetané
zwischen (zeitl./ örtl.) maškár

Wörterliste Romani – Deutsch

A

ába* schon, doch, aber
ačháduvav (ačhádol, ačhádilem) stehen bleiben, anhalten
ačhaváv (ačhavél, ačhadém) etw. anhalten
adivés heute
adjés*, a.: **adžés*** heute
adrésa (w) Adresse
advét|o* [-ur] Antwort
adžár so
áfi keráv (~ kerél, kerdúm) sich entschuldigen
áfi Entschuldigung
agór Ende
agorisaráv (agorisarél, agorisardém) beenden
aj sar!, a.: **aj so!** natürlich!, auf jeden Fall!
aj* und
ájdi!, a.: **hájdi!** komm her!, los!
ájkar so
akaná jetzt
áke! hier ist!
akharáv* (akharél, akhardém) jmd. einladen, jmd. rufen
akšámi Abend
aláto* Tier
aláv, a.: **anáv** Name
Albánija (w) Albanien

áli aber
aljaráv* (aljarél, aljardém), a.: **haljaráv** verstehen
alomáši Bahnhof (in Ungarn)
áma aber
amál Freund
amalín (w), a.: **amalní** (w) Freundin
ambórim vielleicht
amé, a.: **amén** wir
an, a.: **ándo / ánde (m/w)** in (räuml./zeitl.)
anáv (anél, andém) bringen
ánda (m)/ándaj (w) von, aus
ánda* wegen
andáj rjat früh, frühmorgens
andré drinnen, hinein, in
ángla vor, davor (räuml.)
ánglaj rjat Abend
anglál vor, bevor (zeitl.)
anró Ei
ansurimé* (m) verheiratet (als Mann)
ansurimós* Hochzeit
ansurív ma* (ansuríl pe*, ansurisájlem*) heiraten
ansurív* (ansuríl*, ansurisardém*) verheiraten
ápo* also
arakháv (arakhél, arakhlém) finden, schützen
aratjí gestern
arlí (w) Handel
asáv (asál, asajém) lachen
ačháv (ačhél, ačhilém) bleiben, stehen bleiben
ášta Moment!, also
astáli, a.: **astálo** Tisch
astaráv (astarél, astardém) ergreifen, fangen, festhalten
ašundó bekannt, berühmt
athaváv (athavél, athadém) betrügen, täuschen
athóska danach, dann
atúnči* dann, danach, zu jener Zeit
Áustrija (w) Österreich
austrijáko österreichisch
austrijánco Österreicher
austrijánka Österreicherin
aváv (avél, avilém) kommen, werden
avéraratji* vorgestern
averídž vorgestern
avrí hinaus
ažutív* (ažutíl*, ažutisardém*) helfen

B

báj|o* [-ur] Problem
bal Haar
balamó* Laden, Lebensmittelgeschäft
balvál (w) Wind
bangó krumm
bangó krumm, schuldig
bánja (w) Bad, Badezimmer, Dusche
bar [-já] (w) Garten, Zaun, Grenze
bar Stein, Felsen
baró pají* Meer
baró groß, hoch, wichtig, stark, Chef
barvaló reich
bašalipé Musik
bašaváv (bašavél, bašadém) spielen (Instrument)
bašipé Lärm

baxt (w), a.: **bax** (w) Glück
baxtaló drom! Gute Reise!
baxtaló glücklich
bazári Markt, Flohmarkt
Béči Wien, Österreich
beját|o* **[-ur]** Kind
Belgía Belgien
belžikáko belgisch
belžikán|o [-ur] Belgier
belžikánka Belgierin
beng Teufel
berš Jahr
bešáv (bešél, bešlém) sitzen, sich setzen, wohnen, bleiben
bezéx (w) Sünde, schade
bi* **...(-ko / -go)** ohne
bíbaxt (w) Unglück
bibí (w) Tante
bibutjáko arbeitslos
bičhaváv (bičhavél, bičhadém) schicken, senden
bijanáv (bijanél, bijandém) gebären
bijandipé, bijandimós Geburt
bijandó geboren
bikináv (bikinél, bikindém) verkaufen
bilačhó schlecht, böse
bipéko roh
bírto* Gaststätte, Kneipe, Restaurant
bistráv (bistrél, bisterdém) vergessen
bithemésko staatenlos
bivužó* schmutzig (verdorben im Geist)
bivužó Teufel
bízi ohne
bjáv, a.: **abjáv*** Heirat, Hochzeit, Beschneidungsfest (moslem.)
bója (w) Farbe
bokh (w) Hunger
bokhajlém ich habe Hunger
bokhaló hungrig
bóldav (bóldel, boldém) abbiegen, drehen, umdrehen
bóldav ma (bóldel pe, boldém ma) (pál-pale) zurückkehren, zurückkommen
borí (w) Schwiegertochter
Bósnija (w) Bosnien
bríga Sorge
brigáko besorgt, traurig
brišínd [-á] Regen
budžangló schlau
Bulgárija Bulgarien
búri vielleicht
bús|o [-ur] Bus
but viel
butívar, a.: **bútvar** oft
butjí (w), **butí** (w) Arbeit, Ding, Sache, Angelegenheit
butjí keráv (˜ kerél, kerdém) arbeiten
buxló breit, weit
bužangló schlau

C

cála* (Mz) Kleidung
céna Preis
céra (w) Zelt
cérra* wenig
cigára Zigarre, Zigarette
cigaréta (w) Zigarette
ciknó, cignó klein, kurz, niedrig
cipív* (cipíl*, cipisardém*) schreien, rufen
cirdáv (cirdél, cirdém) ziehen, musizieren
cól|o* **[-ur]** Decke (zum Zudecken), Teppich
colaxardó* verheiratet

Č

čačés!? tatsächlich, wirklich?!, echt?!
čačipé si?! echt?!
čačó (pe čačí rig) richtig, wahr, rechts (nach ~)
čáj|o* [-ur] Tee
čája* [čéji*] (w) Schlüssel
čak sogar
čánta (w) Tasche, Tüte
čar [-já] (w) Gras
čaró Schüssel, Teller
čás|o* [-ur] Stunde, Uhr (Armband~, Wand~), Uhrzeit
če* was für ein?
čéba (w) Decke (zum Zudecken)
čerháj (w) Stern
čéri* Himmel
Čéxo Tschechische Republik
čhaj, a.: **čhej** (w) Tochter, Mädchen (Romni)
čhajorí kleine Tochter (Romni)
čhavé (Mz) Jungen, Kinder (Roma)
čhavó Junge, Kind, Sohn (ab ca. 8 Jahre)
čhavoró Kleinkind, Söhnchen (etwa bis 8 Jahre)
čhib [-á] (w) Sprache, Zunge
čhináv (čhinél, čhindém) schneiden, zerreißen
čhinaváv (čhinavél, čhinadém) etw. versprechen
čhon* Monat
čhur|í [-já] (w) Messer
čhuváv (čhuvél, čhutém) setzen, stellen, legen
či* nicht
čingó* feucht, nass
činó müde
čiriklí (w) Vogel
čírla seit langem
čiraváv (čiravél, čiradém) kochen, Essen vorbereiten
čor (Ez/Mz) Dieb
čor|ipé [-imáta] Diebstahl
čoralés heimlich
čoráv (čorél, čordém) stehlen
čorní (w), a.: **čorkínja** (w) Diebin
čorripé Armut
čorró arm, bemitleidenswert
čumid|ipé [-imáta] Kuss
čumídav (čumídel, čumidém) küssen

D

dába*, a.: **dábi*** kaum, wenigstens
dad [-á] Vater
dáde! Vater!
daj (w), **dej** (w) Mutter
dále!*, **dáje!** Mutter!
dand (Ez/Mz) Zahn
dar (w) Angst
daráv (darál, darajlém) Angst haben
dáta* (w) Mal (Häufigkeit)
dav (del, dem/dinúm) geben
dav agór (del, dem ~) beenden
dav andré* (del, dem ~) eintreten
dav anglál (del, dem ~) antworten
dav dúma* (del, dem ~) sprechen
dav dumó (del, dem/dilúm ~) helfen
dav gáta* (del, dem ~) aufhören
dav lačhó djes (del, dem/dinúm ~)

grüßen, begrüßen (jmd.)
dav ma godjí (del pe, dem ma ˜) sich erinnern
dav muj (del, dem ˜) rufen
dav rigáte (del, dem ˜) ausweichen, auf die Seite gehen
dav telefóno (del, dem ˜) telefonieren
de dumúlt* seit langem
De gáta!* Hör auf!
De ma míro! Lass mich in Ruhe!
De ma páča!* Lass mich in Ruhe!
del brišínd regnen, es regnet
del ív schneien
Del* Gott
derjáv (w) Meer
derjáv* (w) Fluss
detehára* Morgen, morgens
Devél Gott
Dévla! Oh Gott!
dikháv (dikhél, dikhlém) sehen, anschauen, besichtigen
diló, dilinó dumm, verrückt
dis (w) Stadt
díso (irgend)etwas
dicán|o* [-ur] Gespräch
divés Tag
djéla* (w) Ding, Sache
djes baró Fest, Feier
djes* (Ez/Mz) Tag
doktóri, a.: **doktóro** Arzt
doktoríca (w) Ärztin
dopáš e rjat* Mitternacht
dopáš halb
dopašín* (w) Hälfte
doš (w) Schuld
došaló schuldig
dósta genug
drab [-á] Medikament, Gift
drágo san mánge ich mag dich
drágo si mánge ich habe ... gerne
drágo* [drági*/dráži*] lieb, teuer
drom Weg, Straße, Reise
dučáno Geschäft, Laden
duháno* Tabak
dukh (w) Schmerz
dukhál es tut weh
dúnja (w) Welt
dur fern, weit, lang (Entfernung)
durál von weit her
dúxo* Geist, Atem
džakeráv (džakerél, džakerdúm) warten
džipé Leben
dživáv (dživél, dživindúm) leben (physisch)
dživdó lebendig

E

ej* ja
ek, jek einer, eine, eins
englezícko Englisch (Sprache)
éta! da ist!, hier ist!

F

fábrika (w), **fábrike** Fabrik
fájma vielleicht
fála! danke!
famílja (w) Familie
fárba* (w) Farbe
feljástra* [feléstri*] (w) Fenster
férdi*, a.: **féri*** nur
fláša (w) Flasche
fór|o* [-ur] Stadt
forúc|o* [-ur] Städtchen
fotográfija (w) Foto

francúz|o* [-ur] Franzose
francuzísko französisch, Französisch (Sprache)
francuzkínja (w) Französin
Francúzo Frankreich
fríško jung, frisch

G

gad Hemd
gadá (Mz) Kleidung
gára (w) Bahnhof (in Rumänien)
gáta* bereit, fertig
gav Dorf (Ortschaft)
gavoró Dörfchen
gavunó, a.: **gavutnó** Bauer
gažikanó*, gadžikanó „nicht-zigeunerisch"
gažó*, gadžó Gadscho, „Nicht-Zigeuner", Bauer
geró arm, bemitleidenswert
gi Seele
gilaba|imós [-imáta] Lied
gilábav (gilábel, gilabadém) (pe) singen, spielen auf (Instrument)
gilí (w) Lied
ginàv (ginél, gindém) zählen
ginaváv (ginavél, ginadém) lesen
gindív* (gindíl*, gindisardém*) denken, meinen, glauben
giv Getreide
glába* (pokináv ˜) Strafe (zahlen)
glás|o* [-ur] Stimme
gláža* (w) Glas (Material), Trinkglas
glínda* (w) Spiegel
godjavér klug, gescheit, intelligent
godjí (w) Erinnerung, Gehirn, Verstand
gonó Sack, Tasche
góst|o* [-ur] Gast
gostíja* (w) Festmahl (zu Ehren eines Gastes)
gránica (w) Grenze
grast, a.: **gras** Pferd, Hengst
Grčka (w) Griechenland
grípa (w) Grippe
gudló süß, lieb, liebenswert, nett
gugl|ipé [-imáta] Süßigkeit, Bonbon
gugló* süß, lieb, liebenswert, nett
gurumn|í [-já] (w) Kuh

H

hajipé Jungfräulichkeit
hárniko* [hárniči*] fleißig
hatjaráv (hatjarél, hatjardém) fühlen, verstehen
hatjaráv ma (hatjarél pe, hatjardém ma) sich fühlen
hazíri bereit, fertig
hem, em und
hirc|o* [-ur] Maus
hodína* [hodíni] (w) Ruhe
hodinív ma* (hodiníl pe, hodinisájlem) sich erholen, ausruhen
Holándija (w) Niederlande
hotéli, a.: **hotélo [hotélja]** Hotel
huljáv (huljél, hulistém) aussteigen, runtergehen, rauslassen

Wörterliste Romani – Deutsch

I

idž gestern
íli oder
iló Herz
Índija (w) Indien
indijáno Inder
indijánka (w) Inderin
indijánsko indisch
ingeráv (ingerél, ingerdém) führen, bringen, hinbringen
ínke* noch
inkeráv (inkerél, inkerdém) halten, behalten, dauern
inkjláv (inklél, inklistém) rausgehen, verlassen
interesántno interessant
interesíl ma (interesíl les, interesisájlem) sich interessieren für
irináv (irinél, irindúm) zurückgehen, übersetzen (Sprache)
irjaté nachts
íte, víte sogar, obwohl
íto* scharf
ivánd* roh (Obst, Gemüse etc.)
ivénd Winter

J

jag (w) Feuer, Brand, Fieber
jakh (w) Auge
jásno offensichtlich, klar
javináte (w) Morgen, morgens
jéftino billig
jek céra* ein bisschen
jek dáta* einmal
jek po jek allmählich, Schritt für Schritt
jekipé Einheit
jékvar einmal
jertisár!* Entschuldige!
Jugoslávija (w) Jugoslawien

K

kabór wie viel
kadaléske* deswegen
kadé, kadjá so
káfa (w) Kaffee
kaj wo, wohin
kaj bei, in, zu, dass
kajékh irgendeiner
kak irgendeiner
káko, a.: **kak** Onkel
kálca (w) Hose
kamáv* (kamél*, kamlém*) wollen, möchten, lieben
kaml|ipé* [-imáta], a.: **kamlimós*** Liebe
kána als (zeitl.), wenn (als), wann
kápa* (w) Decke
karíng etwa, ungefähr, nach, wohin
kásno spät
kašt, a.: **kaš** Holz, Baum
katár von, aus (m), als (Steigerung)
katár woher
kathár von hier
kathé, a.: **athé** hier
kathénde* nirgends, nigendwo
kázna (pokináv ~) Strafe (zahlen)
kazóm* wie viel
ke dass, weil, denn
ked wann, als
keráv (kerél, kerdém) tun, machen
keráv árli (kerél, kerdúm ~) handeln
keráv bjáv (kerél, kerdém ~) Hochzeit feiern, Beschneidung feiern (moslem.)
keráv diváno* (kerél, kerdém ~) reden, sich unterhalten

keráv fotográfija (kerél, derdém ~) fotografieren
keráv jardími (kerél, kerdém ~) helfen
keráv láfi (kerél, kerdém ~) sprechen
keráv lové (kerél, kerdém ~) verdienen
keráv sváto* (kerél, kerdém ~) sprechen, reden, sich unterhalten
kermusó Maus
ketjí wie viel
kham Sonne
khamni schwanger
khánči* nichts
khándav (khándel, khanglém) (šukár ~) stinken, (gut) riechen
kheláv (khelél, kheldém) tanzen, spielen
khelaváv (khelavél, kheladém) austricksen, jmd. zum Tanzen veranlassen
khelitóri Tänzer
khelitórka (w) Tänzerin
kher [-já] (w) Stiefel
kher Haus
kherál vom Haus, aus dem Haus, von zu Hause
kheré zu Hause, nach Hause
khetané zusammen
khónik* niemand
khuváv (khuvél, khuvdúm) flechten
khuváv andré (khuvél, khuvdúm ~) eintreten
kídav (kídel, kidém) pflücken, sammeln
kímp|o* [-ur] Feld, Acker
kináv (kinél, kindém) kaufen
királ Käse
kiraváv (kiravél, kiradém) kochen, Essen vorbereiten
kírčima (w) Gaststätte, Restaurant
kisméti Schicksal
klidí (w) Schlüssel
knjíga (w) Buch
ko (ke) auf, über (räuml.), um (zeitl.)
ko akšámi abends
komplétno komplett, alles zusammen
kon wer
kopáči* Baum
kórkorro alleine (ganz ~)
kothár von dort
kothé dort
kotór Stück, Teil
kozóm* wie viel
krevéto Bett
kris* (w) Rat der Roma (rechtl.)
kuč* teuer
kučí (w) Tasse
kúferi Koffer
kurkó Woche, Sonntag
kurudíja (w) Witz, Spaß
kúxnja* (w) Küche

L

lačharáv (lačharél, lačhardém) reparieren, arrangieren, in Ordnung bringen
lačhipé Gute (das ~)
lačhó gut, lecker, korrekt
láfi Wort
lála* (w) Tante
lámpa (w) Lampe
lav (lel, lem/lilúm) nehmen, holen, bekommen
lav sáma* (lel, lem ~) aufpassen, beobachten, vorsichtig sein

lav te (lel, lem ˜) ... anfangen
lazími (mánge si ˜) notwendig (ich brauche)
le sáma!* Pass auf!
len (w) Bach, Fluss
lévo (pe lévo rig) links, (nach ˜)
lézno* billig
lil Buch, Brief, Dokument
lokés, lokhés langsam, leise (als Adverb)
lokó, lokhó langsam, leise, leicht (Gewicht)
loš (w) Freude
lošáv (lošál, lošandém) sich freuen
lové (Mz) Geld
luludjí (w) Blume
lúma*, lúmja*, ljúmja* (w) Welt
lúngo* [lundj*/ lúngi*] lang, weit

M

mačhó Fisch
Madjárska (w) Ungarn
mahabéti, a.: **mohabéti** Gespräch
maj but* mehr, noch, am meisten
makár te sogar
makár, makár ke obwohl
Makedónija (w) Mazedonien
makháv (makhél, makhlém) ein-schmieren, streichen
mal (w) Wiese, Feld, Acker
maladó* richtig, korrekt
mamí (w) Großmutter
mangáv (mangél, manglém) betteln, bitten, fragen, verlangen, wünschen, bestellen
mangipé Liebe
manró Brot, Gebäck
manúš Mensch
mar|ipé [-imáta] Krieg
maráv (marél, mardém) schlagen
márja* [mári*] (w) Meer
marmeláda (w) Marmelade
mas Fleisch
mása (w) Tisch
másek Monat
maškár zwischen, in (zeitl./ örtl.), Mitte, Hüfte
me ich
mehána (w) Gaststätte, Kneipe, Restaurant
mekáv (mekél, meklém) lassen, verlassen
mekáv ... sastipé (mekél, meklém ˜) grüßen
melaló schmutzig
meljimé gemahlen
meráv (merél, mulém) sterben
meripé, merimáta (w) Tod
meritimé* (w) verheiratet (als Frau)
mesáli* (w) Tisch
miláj* Sommer
miníja [miníje] (w) Schuh
minút|o [-ur*], a.: [minúci] Minute
míro Friede, Ruhe
misafíri Gast
mislív (mislíl, mislíndem) denken
mištó gut (als Adverb)
mizmeré* mittags
mizméri* Mittag
modérno modern
molináv (molinél, molindúm) bitten, beten
motháv (mothól, mothodém) sagen

mudaráv (mudarél, mudardém) töten
mukáv (mukél, muklém) lassen
músaj te* müssen (man muss ...)
múzika (w) Musik

N

na nein, nicht
naj! ist nicht, kein
najís!* danke!
najisaráv* (najisarél*, najisardém*) danken
najuváv* (najól*, najilém*) sich baden
nakháv (nakhél, nakhlém) vorbeigehen, -fahren, -ziehen
nandžuváv (nandžól, nandžilúm) sich baden
nangjuváv (nangjól, nangjilém) sich ausziehen, sich entkleiden
nangó nackt, leer
náno* Onkel
naródo Volk
našáv (našél, našlém) laufen, rennen
našaváv (našavél, našadúm) verlieren
našti nicht können, unmöglich
nasúl* schlecht, böse
nasvájlem ich bin erkrankt
nasval|ipé [-imáta] Krankheit
nasvaló krank
nébo Himmel
néšto (irgend)etwas
nev|ipé [-imáta] Nachricht, Neuigkeit
nevó neu
níči*! nein!
nijékvar niemals
níkad niemals
niko niemand
niláj Sommer
níšto nichts
njám|o* [-ur] Verwandter
njámc|o [-ur] Deutscher
njamcójka Deutsche (Ez)
njamcícko deutsch, Deutsch (Sprache)
Njámco Deutschland
núma* aber, nur
númer|o [-ur*], a.: **[-ja]** Nummer
núvero* [núverja*] Wolke

O

óblako Wolke
odmorív ma (odmoríl pe, odmorindúm ma) sich erholen, ausruhen
odoléske deswegen
oj sie
on sie (Mz)
oprál auf, über, darüber, von oben
opré auf, oben, nach oben
ov er
ov sastó! / ov sastí! / ovén sasté! danke! (an einen Mann/ Frau/mehrere Personen)
óva, a.: **va** ja
overtehára* übermorgen

P

pa über, im Bezug auf, darüber (im übertragenden Sinn)
páča* (w) Friede, Ruhe
pají Wasser, See, Fluss
pakét|o [-ur] kleines Päckchen, Paket

Wörterliste Romani – Deutsch

pakjáv (pakjál, pakjandém) glauben
pála, pal danach, nach, für, hinter
palál dann, danach
páldav (páldel, paldindúm) fahren, lenken
pále wieder, noch, nochmals, auch, aber
palikeráv (palikerél, palikerdúm) danken
pálpale zurück, wieder
palunó anderer, letzter
pánda, a.: **pána** noch
paní Wasser, See, Fluss
páp|o [-ur] Großvater, Vorfahre
papúča* [papúči*] (w) Schuh
paramíči* (w) Geschichte, Märchen
paramísa (w) Geschichte, Märchen
parnó weiß
paruváv (paruvél, paruglém) umtauschen, wechseln, übersetzen (Sprache)
paruváv lové (paruvél ˜, paruglém ˜) Geld wechseln
paš i rjat Mitternacht
paš halb, Hälfte
pašá bei, neben
pasapórt|o [-ur] Pass, Reisepass
pašé daneben, nebenan, nahe
paští* fast, beinahe
pát|o* [-ur] Bett
patíka (w) Apotheke
patjivaló ehrenhaft
pe auf, über (räuml.)
péndžera (w) Fenster
peráv (perél, pelém) fallen
phabuváv (phaból, phabilém) (phabiló) brennen (es brannte)
phagó kaputt, zerschlagen
phandadó eingesperrt, geschlossen
phándav (phándel, phanglém) binden, fesseln
phándav sváto* (phándel, phanglém ˜) Vereinbarung treffen
phandaváv (phandavél, phandadém) schließen, ins Gefängnis stecken
phanglipé Gefängnis
phar|ipé [-imáta] Gewicht
pharadó zerrissen, zerschlissen (z. B. Kleidung)
pharó schwer (Gewicht), kompliziert, schwierig
phen [-já] (w) Schwester
phenáv (phenél, phendém) sagen
pheráv (pherél, pherdém) füllen
pherdó voll
phirás* (w) Witz, Spaß
phiráv (phirél, phirdém) reisen, wandern
phirindós zu Fuß
phral Bruder
phuripé Alter
phuró alt (Personen)
phurt (w) Brücke, Steg
phuv [-já] (w) Erde, Boden, Land (nicht Stadt)
pinžardó bekannt, berühmt
pišináv (pišinél, pišindúm) schreiben
pišlo gemahlen
pjav (pel, pilém) rauchen, trinken
plačál* (˜ ma) gefallen (es gefällt mir)

plajín* (w) Berg, Gebirge
po agór, a.: **pogór** am Ende, letztendlich
po auf, jeweils
po mehr
po but meistens am
pód|o* [-ur] Brücke
podné Mittag, mittags
poháro* Glas (Trink~)
pokín (w) Bezahlung, Lohn
pokináv (pokinél, pokindém) bezahlen, zahlen
policáj|co [-cur] Polizist
polícija (w) Polizei
pomožináv (pomožinél, pomožindúm) helfen
postáv|o* [-ur] Stoff
poxtán Stoff, Tuch
prandemé verheiratet
prandináv (prandinél, prandindúm) heiraten, verheiraten
prástav (prástal, prastandém) laufen, weglaufen
právo genau, recht, geradeaus
primív (primíl, primisardém) bekommen, erhalten, akzeptieren
prja zu (viel)
probináv (probinél, probindúm) probieren, versuchen
problémo Problem
prósto dumm, naiv, einfältig
pučháv (pučhél, pučhlém) fragen
punró Fuß, Bein
puranó alt (Gegenstände)
puterdó geöffnet, offen
putráv (putrél, puterdém) öffnen

R

raj (Ez/Mz) Herr
raj baró angesehene Persönlichkeit
rájo Paradies
rakíja (w), a.: **ratjíja** (w) Schnaps
raklí (w) Mädchen (Nicht-Zigeunerin)
rakló Junge (Nicht-Zigeuner)
rig [-á] (w) Seite
ramóv* (ramól*, ramosardém*) schreiben
ráno früh
rat Blut
razumináv (razuminél, razumindúm) verstehen
resáv (resél, reslém) ankommen
resél! genug!, das reicht!
rjat [ratjá] (w) Abend, Nacht
ródav (ródel, rodém) suchen
Rom [-á] Rom, „Zigeuner“, Mann, Ehemann
romanés auf „zigeunerisch“, Romani, „Zigeunersprache“
romanó „zigeunerisch“
Romní (w) Romni, „Zigeunerin“, Frau, Ehefrau
rudjív* (rudjíl*, rudjisardém*) bitten, beten
rúho Geist, Atem
rumimé, a.: **rimomé** kaputt, zerstört
Rumúnija (w) Rumänien
rup Silber
Rúsija (w) Russland

S

sa alles, immer
sabájle Morgen, morgens
sádajek* immer
sáde nur
saháti Stunde, Uhr (Armband~, Wand~), Uhrzeit
sájek mánge! ist mir egal!
sámo nur
sanó dünn, fein
sapanó feucht, nass
sar na! natürlich!, selbstverständlich
sar wie, so wie
sastipé Gesundheit
sastó gesund
savó welcher
sekúnda (w) Sekunde
si te müssen (man muss ...)
si es gibt, es ist
sigjar! beeil dich!
sigjaráv (sigjarél, sigjardém) es eilig haben
sígo schnell, bald
síjas! Prost!
sikadí (w), a.: **sikamní** (w) Lehrerin
sikadó, a.: **sikamnó** Lehrer
sikaváv (sikavél, sikadém) zeigen, lehren
sikláv (siklól, siklilém) lernen, studieren
síne, a.: **sínema** (w) Kino
sitjaráv (sitjarél, sitjardém) unterrichten, lehren
sitjuváv* (sitjól* sitjilém*) lernen, studieren
skafidí* (w) Tisch
skamín* Stuhl
skirív* (skiríl*, skirindém*) schreiben
skóro fast, beinahe
skúpo teuer
skúrto* [skurt*/skúrti*] kurz
sláva (w) Fest
slavív (slavíl, slavisardém) feiern
slobodíja (w) Freiheit
Slovákija (w) Slowakei
so was
sóba (w) Zimmer
sóde* wie viel
sóske warum
sóstar warum
sóste warum
sováv (sovél, sutém) schlafen
spremóv (spremól, spremindúm) vorbereiten
Srbíja (w) Serbien
stánica (w) Bahnhof
stíngo*, (pe stíngo rig*) links, (nach ~)
stólica (w) Stuhl
strúja (w) Strom, Licht (elektr.)
súdo Gericht (rechtl.)
sumnakáj Gold
sung (w) Geruch
sungáv (sungál, sungajém) riechen (mit der Nase)
súnto* [súnci*] heillig
sušló feucht, nass
sváko jedes, jeder
svát|o* [-ur] Gespräch, Wort
svéto Welt
svidjól pe (~ mánge) gefallen (es gefällt mir)

Š

šáfki Licht (natürl.)
šaj möglich sein, können
šaj te können
šéfo Chef, Boss
šéft|o [-ur] Handel, Geschäft (nicht Laden)
šéja (Mz) Kleidung

šil si es ist kalt (Wetter)
šil Kälte, Erkältung
šimjáko* Maus
škóla (w) Schule
šóha* nie, niemals
špíta (w) Krankenhaus
šudró pají kaltes Wasser
šudró kalt, kühl (Dinge, nicht Wetter)
šuk (w) Schönheit
šukár gut, a.: schön, hübsch
šukaripé Gute (das ~)
šukló, šutaló sauer
šukó trocken, mager, dünn
šunáv (šunél, šundém) hören, zuhören, verstehen
šužó hübsch, schön, sauber
švajcári Schweizer
švajcárka Schweizerin
Švajcárska, a.: **Švájco** Schweiz
švajcósko schweizerisch

T

taj, thaj und
tamám richtig, korrekt
tasjá morgen
tatjipé Hitze
tató pají heißes Wasser
tató warm, heiß
taxtáj [taxtá] Glas (Trink~)
táze frisch
te ob, wenn (falls), um zu, wenn
tecíl* (~ ma) gefallen (es gefällt mir)
tehára*, a.: **thára*** morgen
teharín* (w) Morgen, morgens
teláj rját* abends
telál žav (~ žal, gelém) zu Fuß gehen
telál unten, von unten, zu Fuß
telé nach unten
telefón|o [-ur] Telefon
televizjón|o [-ur] Fernsehgerät
teljaráv* (teljarél*, teljardém*) weggehen, abfahren, beginnen
témnica* (w) Gefängnis
temperatúra (w) Fieber, Temperatur
tépixo Teppich
than Platz, Ort, Schlafplatz
thav ma, a.: **thováv ma (thol pe, thodém ma)** waschen
thav Faden
thav* (thol*, thodém*) setzen, stellen, legen
them Land (Staat)
tho!* setze!, stelle!, lege!
thud [-á] Milch
thuló dick
tiknó klein, kurz, niedrig
totasjá übermorgen
trádav (trádel, tradém) fahren, lenken
tradícija (w) Tradition, Brauch
tráj|o* [-ur] Leben
trajív* (trajíl*, trajisardém*) leben (physisch), dauern
trásta* (w) Tasche, Tüte
trobúl ma ... ich brauche

trobúl te... man muss, es ist notwendig zu
trobúv* (trobúl*, trobusardém*) brauchen, müssen
tróma* (w) Mut
tromáv (tromál, tromajlém) dürfen, wagen
trúdno kompliziert, schwierig, anstrengend
truš (w) Durst
trušaló (~ sim) durstig (ich bin durstig)
tu du
tumén ihr
Túrska (w) Türkei
tutúno Tabak

U

udút Licht
Ukrajína (w) Ukraine
Úngro Ungarn
ungrícko ungarisch
urjáv (urjál, urájlem) fliegen
ušóro* einfach, leicht (Aufgabe)
uštáv (uštél, uštilém) aufwachen, aufstehen
uštjaváv (uštjavél, uštjadém) jmd. aufwecken
úvek immer
užaráv (užarél, užardém) waschen, sauber machen, schälen
uže, a.: **vuže** schon
užó sauber

V

vaj* oder
vakeráv (vakerél, vakerdúm) reden, sagen
vákti Zeit
var (w) Mal (Häufigkeit)
váreso* (irgend)etwas
vaš wegen
vast, a.: **vas** Hand
vázdav (vázdel, vazdém) aufstehen
več schon
veš Wald, a.: Gebirge

vestimé* bekannt, berühmt
vi auch
vikináv (vikinél, vikindúm) schreien, rufen
vjášta* (w) Nachricht, Neuigkeit
vo*, vov* ov er
voj sie
vója (w) Freude
vojása! gerne!, mit Freude!
von sie (Mz)
vonáto* Zug, Eisenbahn
vórba* (w) Wort
vorbisaráv* (vorbisarél*, vorbisardém*) sprechen, reden
vórta genau, recht, geradeaus, stehend
vortáko* [vortáča*] Freund
vózo Zug, Eisenbahn
vréme Wetter, Zeit
vrjáma [vrémi] (w) Wetter, Zeit
vudár Tür
vúlica (w) Straße, Sträßchen
vurdón Wagen, Pferdewagen, Auto

X

xabé [xabenáta] Essen, Nahrung, Speise
xajíng (w) Brunnen, Quelle
xancí* ein wenig
xar (w) Tal

xaranó* schlau
xarí (po ˜) ein bisschen
xarí po xarí allmählich
xasaráv* (xasarél*, xasardém*) verlieren
xav (xal, xalém) essen
xav ma (xal pe, xalém ma) sich streiten
xoljajváv (xoljajvél, xoljajlém) böse sein, zornig werden
xoraxáj Türke
xoraxaní Romní Moslemin (Romni)
Xoraxanipé Türkei
xoraxanó Rom Moslem (Rom)
xoraxní Türkin
xoxamnó Lügner: falsch
xoxaváv (xoxavél, xoxadém) lügen, betrügen
xoxavné lové Falschgeld
xoxavnó falsch
xurdé Kleingeld
xutjiláv (xutjilél, xutjildém) ergreifen, fangen, bekommen

Z

zakón|o [-ur] Gewohnheit, Gesetz, Tradition, Brauch
zetíno Öl, Olivenöl
zumaváv* (zumavél*, zumadém*) probieren, versuchen
zuralés laut, viel, gut (Adverb), stark (Adverb), sehr

Ž

žanáv (žanél, žanglém) wissen, kennen
žav (žal, gelém) gehen
žav avrí (žal, gelém ˜) rausgehen, verlassen
žav tar (žal, gelém ˜) abfahren, weggehen
žav tar pálpale (žal ˜, gelém ˜) zurückgehen, zurückkehren
ženó Individuum, Mensch, Person
ži, a.: **žíka** nach, bis
živótinja (w) Tier
žukél Hund

žukeráv* (žukerél*, žukerdém*) warten
žungaló hässlich, böse
žuvindó* lebendig

Die Autoren

Mozes F. Heinschink, geboren 1939 in Oberndorf an der Melk in Niederösterreich, beschäftigt sich seit seinem 20. Lebensjahr mit Sprache und Kultur europäischer Roma. Während zahlreicher Feldforschungen in Österreich, Südost- und Osteuropa sowie in der Türkei hat er eine der weltweit umfangreichsten Audiosammlungen zu Kultur, Sprache und Musik der Roma erstellt. Seit 1990 unterrichtet er Romani an den Universitäten in Innsbruck und Graz und arbeitet bei den in Österreich durchgeführten Forschungsprojekten zu Sprache, Musik und Literatur der Roma mit. Von ihm stammen weitere zahlreiche Publikationen zu Sprache und Kultur der Roma und Sinti.

Daniel Krasa schrieb auch die KW-Bände „Algerisch-Arabisch", „Arabisch f. d. Golfstaaten", „Französisch f. Tunesien", „Urdu f. Indien & Pakistan", „Pandschabi / Punjabi f. Nordindien & Pakistan", „Marathi f. Goa & Westindien", „Gujarati", „Hindi f. Bollywoodfans" „Englisch für Indien" sowie „Österreichisch".

Daniel Krasa M. A., geboren 1976 in Wien. Seit seiner Jugend interessiert er sich für diverse Länder und Sprachen und spezialisierte sich durch seine Studien auf Arabisch und die nordindischen Sprachen. Dadurch beschäftigte er sich auch mit dem Romani und beschloss, den vorliegenden Band mit seinem Kollegen Mozes zu schreiben.